销冠

从销售小白到销售冠军实战之道

马俪榕 ◎ 著

中国商业出版社

图书在版编目（CIP）数据

销冠：从销售小白到销售冠军实战之道 / 马俪榕著.
北京：中国商业出版社，2024.9. -- ISBN 978-7-5208-3092-8

Ⅰ．F713.3

中国国家版本馆CIP数据核字第20245MG873号

责任编辑：杨善红
策划编辑：刘万庆

中国商业出版社出版发行
（www.zgsycb.com 100053 北京广安门内报国寺1号）
总编室：010-63180647　　编辑室：010-83118925
发行部：010-83120835/8286
新华书店经销
香河县宏润印刷有限公司印刷

*

710毫米×1000毫米　16开　14印张　180千字
2024年9月第1版　2024年9月第1次印刷
定价：68.00元

****

（如有印装质量问题可更换）

序

在浩瀚的商海中，销售无疑是每个企业生存与发展的重要支柱。从初出茅庐的销售小白，到独当一面的销售精英，这中间需要跨越的，不仅仅是业绩的鸿沟，更是心态、技巧、智慧、沟通能力与售后服务以及从个人成长到赋能整个团队的综合提升。

销售，看似简单实则深奥。它不仅仅是一种职业，更是一种艺术，一种需要用心去揣摩、去实践的智慧。对于初入销售行业的新人来说，面对客户的拒绝、销售的难以展开以及业绩的压力，往往容易让人陷入迷茫和挫败。而真正的销售精英，却能在这些困境中看到机遇，从失败中汲取经验和教训，获得不断的成长。

关于销售类的书籍有很多，对于我来说，写本书只有一个理由，那就是希望能够对从事销售行业的小白或已经走在销售这条路上的老行业人有所帮助。

我见过太多勤勤恳恳的销售人员，却没有取得多大的成绩。什么原因呢？我发现，他们只是单纯地想要提升"硬"销售技巧，而没有从"软实力"上下功夫。

那么，什么是销售软实力呢？就是从与客户接触到最终实现销售目标包括邀约、破冰、谈判等在内的整个销售过程所使用的销售技巧。的确，销售是需要技巧的，比方说，如何寻找销售机会，如何与客户谈判以及制定一锤定音的策略等这些销售的基本功，是需要掌握的。但同理心、亲和力、自信力和利他心等这些销售的软实力，则能够拉近自己与客户的距离，从而让自己更好地获得客户的信任，更有利于成交。可见，软实力往往比硬技巧更能彰显销售人员的实力，有助于销售目的的实现。

要知道，销售不仅仅是一份职业，更是一种使命，一种为社会创造价值、为企业创造效益、为客户创造满意的使命。因此，只有不断地学习、实践和反思，才能成为一名优秀的销售人员。本书从销售的基本理念入手，深入剖析了销售的本质和精髓，并通过丰富的案例和实用技巧，帮助读者建立正确的销售思维，掌握有效的沟通技巧，提升个人的专业素养。

最后，希望本书能够成为大家销售道路上的良师益友，无论是对于初入销售行业的新手，还是对于已经有一定经验的销售人员，本书都能够为大家带来全新的启示和收获，陪伴大家走进人生的每一个阶段，见证每一次成长。

目录

第一章 "邀约"
——用方法连接客户，打造销售基本功

01. 如何使电话不被挂断，快速通过微信好友验证 / 2
02. 练习使用简洁有力的"词语钉法" / 5
03. 设计邀约见面的"甜蜜点" / 7
04. 给客户一个见你的理由 / 9
05. 把握"七秒钟定律"的精髓 / 12
06. 与客户微信沟通的微妙技巧 / 14
07. 简单的语言防止客户感觉"被忽悠" / 16
08. 使用"假设确认法"了解客户意愿 / 18
09. 持续跟进需要"正话反说" / 20
10. 开拓新客户、维护老客户，销售才能持续 / 22

第二章 "破冰"
——会说话会倾听，业绩不愁拔尖

01. 与客户对话，谁主导节奏，谁就是赢家 / 28
02. 不要和客户争论 / 30

03. 成交技巧：80%靠听，20%靠说 / 32

04. 有效提问获取客户更多信息 / 35

05. 用"I—R—S法"说服客户 / 37

06. 用"认同"思维与客户同频 / 39

07. 客户进店要采用"南风效应"消除戒备 / 41

08. 掌握"损失敏感效应"的奇妙 / 43

09. "失去框架法"的心理攻势 / 45

10. 客户"挑刺"时可用"P—D—E"方法化解 / 46

第三章 "种草"
——建立信任，把握客户的核心需求

01. 用"价值标签"突出自己的优势 / 50

02. 滔滔不绝不如用数字立下"信任状" / 52

03. "价格区间报价法"激起客户欲望 / 54

04. 遇到客户说"随便看看"怎么办 / 56

05. 开放性提问与封闭式提问 / 58

06. 通过"5W1H"提问法找到客户的真实需求 / 62

07. 看到客户"痛点"不能立刻"配药" / 65

08. 真诚永远是打开客户心门的万能钥匙 / 67

09. 对所卖的东西深入了解，不做表面文章 / 70

10. 打造"吃里爬外"的销售人设 / 72

第四章 "撩人"
——应用话术,展示技巧与策略

01. 赞美要用"刺猬法则",恰到好处才是高手 / 76
02. "D—M—I"自我披露法与客户站在同一立场 / 78
03. 高级销售从来不说"没有" / 80
04. 你给"面子",他才给钱 / 82
05. 正确化解"客户抗拒" / 85
06. 如何应对客户的"货比三家" / 87
07. 销冠都采用"利他性"话术 / 89
08. 高明的销售"装老练"也"装嫩" / 91
09. 不要用"哥、姐"跟客户套近乎 / 93
10. 把"贵"转化为卖点才是高手 / 95

第五章 "精通"
——熟悉品牌,知己知彼推荐产品

01. 别只卖产品,也卖"分享欲" / 100
02. 好产品往往都遵循"稀缺效应" / 102
03. 靠产品"特征—作用—益处"打动客户 / 104
04. 用浅显易懂的语言解释产品理念 / 106
05. 客户拿不定主意时,采用"I—M—I"法助推 / 107
06. 客户对比其他品牌产品,该如何应对 / 109
07. 产品被贬低了,如何扭转不利局面 / 111
08. 客户要产品保证,需巧妙承诺 / 113

09. 客户不怕买得贵，是怕买得亏 / 116

10. 用"假定成交法"锁定客户的购买意向 / 117

第六章 "裂变"
——数字时代的营销策略新篇章

01. 从全流量中寻找目标客户 / 122

02. 打造良好的用户体验 / 125

03. 寻找种子用户 / 126

04. 线上销售，只吸引不骚扰 / 128

05. 直播带货先卖人设再卖产品 / 130

06. 短视频营销的"要"与"不要" / 132

07. 数字时代，销售在"人文货场"中的角色 / 134

08. 优秀的销售不是职业，是"IP" / 136

09. 卖东西之前先与客户建立联系 / 138

10. 圈流量—码—券—社群 / 140

第七章 "精细"
——提升服务，处理异议

01. 极致服务就是极致营销 / 146

02. 成交不是绝交，售后管理也是营销 / 148

03. 好服务都满足哪些标准 / 150

04. 客户感觉满意才能带来口碑传播 / 152

05. 售后的处理流程和技巧 / 155

06. 提供个性化、差异化的服务方案 / 157

07. 同行做的是义务，同行没做到的才是服务 / 158

08. 海底捞服务模式中体现的销售理念 / 161

09. 走心的服务不用花钱 / 163

10. 有温度的服务看"胖东来" / 165

第八章 "成长"
——不断学习，迈向销冠之路

01. 销冠与销白最明显的差距是什么 / 168

02. 做个好销售，需要先沉淀 / 170

03. 销冠的自驱力、学习力与复盘力 / 171

04. 做销售要戒掉"玻璃心" / 173

05. 厉害的销售都有的共性：专业 / 175

06. 销售两大忌：一是抠，二是懒 / 176

07. 高明的销售深谙"夹着尾巴做人" / 178

08. 销冠都具备怎样的特质 / 179

09. 销售不是硬拼，也要有松弛感 / 181

10. 销售是处事方式和逻辑思维 / 183

第九章 赋能
——从销售精英到团队领导

01. 精英单打独斗，管理者带动和赋能 / 188

02. 在销售团队中扮演"头狼"角色 / 190

03. 及时处理有问题员工 / 192

04. 带团队要学会"传、帮、带" / 194

05. "自诺激励"让团队成员也具备狼性 / 196

06. 用游戏手段激发团队活力 / 199

07. 积分排名刺激团队成员竞争 / 201

08. 实现同频共振，体现共情管理 / 203

09. 打造销售团队PK和对赌文化 / 206

10. 运用"黄金圈法则"关联个人使命，打造销售梦想 / 209

后记 / 212

第一章 "邀约"
——用方法连接客户,打造销售基本功

01. 如何使电话不被挂断，快速通过微信好友验证

销售过程往往是从陌生的客户开始的。无论是转介绍，还是自己寻找客户，在没有成交之前，销售人员与客户是陌生关系。因此，客户往往对销售人员抱有一种"防御机制"，这是因为他们可能对销售人员的动机、产品或服务有所疑虑。再者目前电信诈骗的频繁出现，骚扰电话、广告信息、陌生电话，在大部分人的眼里都是"不友好""不安全"的存在。这无疑给销售邀约新的客户造成了很大的影响和障碍。

打电话推销或邀请往往很容易被挂断电话，微信成为目前销售采用的主要的拓客和邀约手段。但在没有得到对方有效的微信号之前，打电话依然是很多销售人员不得不面对的问题。很多没有经验的销售人员在给客户打电话的时候，往往一开始说话就错了，导致对方秒挂，遇到素质低的人还会挨骂。即使不挨骂，好不容易接通的电话却被挂掉，既浪费时间又浪费精力，还会让不太顺畅的沟通打击工作的积极性。所以，如果开场不会被挂断是连接客户的一个重要环节。比如，对方刚接起电话的时候，销售人员如果说："喂，您好，请问是张女士吗？我是某某公司的……""喂，先生，打扰您了，我是某某保险公司的……""先生，您有贷款的需求吗？我们公司目前推出前三月免息……""女士，需要买房吗？我公司现在推出特价房源……"

这样的电话是大部分销售人员常用的开场白，但却并不理想，或者可以说都是失败的邀约。究其原因，这些开场白里都显示出销售人员"太客

气"。这种过度客气往往会让陌生的客户感觉到是有目的的"推销电话",他们立刻就会启动"防御机制",挂断你的电话。

如果想让对方不挂电话,就要改掉这些老套的"开场白"。不要把自己的形象塑造成一个推销人员,而是要把自己设想成替别人解决问题,言语不能卑微,不能过度客气。要坚决去掉"打扰了""您好""请问"这些无关痛痒又拉低个人层次的客套话。正确的方式是直接说重点,可以说"您好,李总",当对方回应以后也不要急着进入推销模式,如"我是某某公司的某某某,我们有什么产品和服务……"这样无疑是在逼着客户挂断电话。任何人只关心你这个电话打来对我有什么好处,而不会关心你是谁,你是什么公司。可以用简单而又让客户感觉亲近的语言来接着应对。比如,"我是给您爱车做维修保养的李红,看您的车险快到期了,所以提前跟您联系一下"。

如果这个时候客户还没有挂断电话,可以进一步确认对方的电话和微信是否同号,可以跟对方说加上微信以后有什么需要在网上沟通更方便,省得电话打扰。

从打电话到要上微信号加微信这只是刚刚开始,大部分客户在挂断电话后并不想加微信。如果你提出了加好友申请,对方迟迟不加怎么办呢?很多销售人员会采用索取式加客户微信,如"女士,加个微信吧,方便以后联系""姐,留个微信的联系方式吧"。这种目的性太强的加微信方式,大部分会被客户拒绝。想要加对方微信,不要刻意,而要变成一件自然且随意的行为。比如,某服装品牌销售是这样跟客户说的:"姐,您刚看的那款家具,我把安装效果图和屋内的陈列效果图发给您,您到时候综合对比一下,用微信发可以吗?"这样迂回一下,往往能得到较好的加微信效果。所以,想要加客户的微信,要让客户觉得微信只不过是给客户提供一个服务的通道而已。

在加客户微信方面，有一个"O—A句式法"的沟通技巧。该方法的核心话术结构是"为了实现A这件事，需要做B这件事"。这里的"A"代表你想要实现的目标或目的，而"B"则是达到这个目标所需要采取的具体行动。

使用"O—A句式法"时，关键在于确保你的目的（A）是合理、有价值的，并且对客户来说是有吸引力的。这样一来，当你提出需要采取的行动（B）时，客户更容易接受并配合。例如，如果你想添加客户的微信以便发送优惠活动信息，你可以说："为了下次能及时把优惠活动信息告知您，需要添加您的微信。"

为了进一步消除客户的疑虑，你还可以增加一些保证性的语言，如"放心吧！平时不会打扰您的，如果您觉得受到打扰，可以随时把我的微信删除"。这样的表述能够增加客户的信任感，使他们更愿意配合你的请求。

另外，要让陌生人通过微信好友验证，可以考虑以下四个关键步骤和策略。

（1）确保你的微信个人资料完整、真实且具有吸引力，包括头像、昵称、个人签名和朋友圈内容等。一个清晰、专业的头像和简洁明了的昵称能够增加陌生人对你的信任感。

（2）在发送好友请求时，使用礼貌的措辞。简单介绍自己，说明添加对方为好友的原因，这样对方更有可能通过你的验证。

（3）避免频繁发送请求：如果你向对方发送了好友请求但对方没有通过，不要频繁地发送请求。过于频繁地发送请求可能会让对方感到困扰，反而降低通过验证的可能性。每个人都有权利决定自己与谁建立联系。如果对方表示拒绝，务必尊重其决定，不要强求或继续追问原因。

（4）如果可能的话，你可以尝试通过其他社交媒体平台或线下活动等方式与对方建立联系。这样一来，当你再次发送微信好友请求时，对方会更容易接受。

即使对方通过了微信好友验证，也不要急于发产品资料或销售信息。很多销售都有这样的误区：一加上客户的微信，就急着发产品资料，结果被客户直接删除了。初次与客户打交道，成交是次要的，细水长流，设法激起客户"保持联系"的欲望才是最重要的。

02. 练习使用简洁有力的"词语钉法"

销售的"词语钉法"是一种在销售过程中使用的策略，其核心在于使用与客户亲近的、有关联的词语来引起客户的注意，拉近与客户的距离，并建立客户信任。这种方法有助于销售人员更有效地传达产品或服务的价值，从而提高销售成功的概率。

哲学家海德格尔说"词语破碎处，无物可存在"，充分说明语言文字的重要性。同样的话，说得不一样，产生的效果也会截然不同。词语钉法在营销战略中又被称为"语言钉"，即将语言信息极度简化后以最锐利的文字信息像钉子一样植入客户的脑海，以此来打动客户。例如，我们在生活中听到的"农夫山泉有点甜""钻石恒久远，一颗永留传""怕上火，喝王老吉"就是通过广告语达到了语言钉效果。

在邀约之前，也需要用简洁而有效的"词语钉法"来吸引潜在的客户。具体来说，词语钉法强调在销售对话中使用特定的、有针对性的词汇或短语，这些词汇或短语通常与客户的兴趣、需求或痛点紧密相关。通过精准地选择和使用这些词语，销售人员能够更准确地把握客户的心理，激发客户的购买欲望。

例如，某家智能家居公司推出了一款新型的智能音箱。为了吸引潜在客户并提升销售额，该公司决定采用"词语钉法"进行市场推广。首先，公司深入分析了目标客户的需求和关注点，发现客户对于智能音箱的音质、智能化程度以及易用性等方面非常关注。其次，基于这些发现，公司选择了几个具有强烈吸引力和针对性的词语作为"钉子"，如"高清音质""智能语音助手"和"一键操作"，让销售以此为切入点来与客户沟通。

在市场推广过程中，公司充分运用这些"钉子"词语。在宣传海报上，公司使用醒目的字体和颜色突出显示"高清音质"，强调音箱的音质卓越，能够为用户带来身临其境的音乐体验。同时，公司还制作了视频广告，展示智能音箱如何通过语音助手实现智能家居控制，凸显其智能化程度。在销售人员的介绍中，他们也频繁使用"一键操作"这一词语，强调音箱的易用性，即使是老年人和孩子也能轻松使用。

通过运用"词语钉法"，该智能家居公司成功吸引了大量潜在客户的关注，并显著提升了销售额。客户在听到这些有针对性的词语时，更容易产生购买欲望，从而促成交易。

这个案例表明，"词语钉法"在销售中具有显著的效果。通过精准选择和使用具有吸引力的词语，销售人员可以有效地传达产品优势，激发客户的购买兴趣，进而实现销售目标。

此外，"词语钉法"还强调在销售过程中保持语言的清晰、简洁和有力。销售人员需要避免使用过于复杂或模糊的语言，而是要用简单明了的方式传达产品或服务的核心优势。同时，销售人员还需要注意语言的情感色彩，通过积极、正面的语言来营造良好的销售氛围。

总之，销售的"词语钉法"是一种有效的销售策略，它可以帮助销售人员更好地与客户沟通，建立信任关系，并最终实现销售目标。

03. 设计邀约见面的"甜蜜点"

一个优秀的销售人员在设计邀约见面的"甜蜜点"时，会充分考虑客户的需求、兴趣以及可能带来的价值。他们深知，一个成功的邀约不是简单的邀请，而是要让客户感到有兴趣、有期待，并愿意为此付出时间和精力。

销售人员想要与客户建立信任关系，光有线上沟通是远远不够的，只有见面才有可能推进下一步的销售进程。无论是销售人员演讲，还是上门拜访，或是约客户亲临现场，如果没有一定的技巧，往往会遭到客户的拒绝。如果只会说："您好，王女士，某月某日是我们公司新品发布会，您能来参加吗？""您好，李总，我想约您见面谈谈合作，您明天有空吗？""您好，张姐，明天有时间到店里来坐坐吗？"这些邀约话术，客户往往不买账。究其原因，是你的邀约并没有让客户产生好奇和渴望，也就是没有一个可以吸引客户来见面的"甜蜜点"。

甜蜜点是一个具有多重含义的词语，它可以在不同的语境中展现出不同的内涵。

在高尔夫球具广告中，甜蜜点是指高尔夫球杆杆头用于击球的最佳落点。当球与这个落点碰撞时，能产生最"甜蜜"的感受，因此得名。这个位置与杆头的重力中心有关，通常位于杆头下 1/3 的位置。通过击打甜蜜点，球员可以准确地将球击出，并激发出球最远的飞行距离。

在咖啡烘焙领域，甜蜜点则是指某种烘焙度（时间与温度）下，个人主观认为的最佳风味呈现。这完全取决于个人的口味偏好，有人可能喜欢深烘焙的浓郁口感，有人则可能偏好浅烘焙的清新风味。

在职业生涯规划中，甜蜜点可以被理解为兴趣、能力与价值的交集。这意味着基于个人的兴趣点，通过努力精进，使其具有竞争优势，从而满足社会的需求并创造价值。

总的来说，甜蜜点是一个灵活且富有深度的概念，它可以在不同的领域中找到其独特的应用和解释。无论是在高尔夫球场上寻找最佳击球点，还是在品味咖啡时寻找最佳风味，或是在职业生涯中寻找个人价值的最大化，甜蜜点都代表着那个能够带来最佳体验和结果的关键点。

销售人员给客户制造的"甜蜜点"也可以理解为"价值"，也就是你能为客户提供哪些价值，让他们对价值产生兴趣从而赴约呢？

例如，"您好，李总，想约您见面谈谈上次关于全屋定制的组合，您今天下午有时间吗？"这句话本身并没有价值。如果换成"您好，李总，我们近期与某某品牌签署了合作协议，赶在五一之前回馈客户，能够在您之前心仪的品牌基础上优惠30%，我想约今天下午三点见面聊聊，希望对您有所帮助，您看方便吗？"这句话术里就有了"给客户优惠30%"的甜蜜点。

所以，约见客户，首先需要思考"客户需要什么"，而不是"我想卖给客户什么"。

当然，"甜蜜点"不是凭空产生的，而是在了解客户的基础上，做到知己知彼，有针对性地去设计。

第一，销售人员需要深入了解客户，包括他们的背景、行业以及经济实力和痛点需求。这样一来，销售人员就能针对客户的具体情况，提出具有针对性的解决方案或建议。这些解决方案或建议就是邀约见面的"甜蜜点"，因为它们能够直接解决客户的痛点，带来实际的效益。

第二，销售人员需要关注客户的需求和期望。他们可以通过与客户的日常沟通、市场调研或行业分析等方式，获取客户的真实需求。然后，将这些需求与自己的产品或服务进行匹配，找出能够满足客户需求的亮点。这些亮点也是邀约见面的"甜蜜点"，因为它们能够让客户感受到销售人员对他们的关注和重视。

第三，销售人员可以利用社交关系和现实利益来设计"甜蜜点"。例如，他们可以邀请客户参加行业活动或交流会，让客户有机会与同行或专家进行面对面的交流；或者提供优惠或赠品，让客户得到了实际的利益。这些社交关系和现实利益也能够吸引客户，增加他们见面的意愿。

在设计"甜蜜点"时，销售人员还需要注意语言的表达方式和技巧。他们应该使用简洁、明了的语言，突出亮点和优势，让客户能够快速地理解和接受。同时，要避免使用过于夸张或虚假的言辞，以免给客户留下不好的印象。

第四，销售人员需要在邀约时保持真诚和热情。他们应该用自己的专业知识和经验来打动客户，让客户感受到他们的诚意和专业性。同时，要保持积极的态度和耐心，不断跟进和沟通，确保邀约能够顺利进行。

04. 给客户一个见你的理由

很多伙伴在对客户邀约的过程中，经常遇到被客户推说没时间或不需要某个产品或服务的情况，又或者客户答应见面后，却以各种理由放了销售员的鸽子……大家都一致认为邀约客户难如登天！大家有想过其中原因吗？原因其实很简单，就是邀约时没有给客户一个"足够充分的理由"。

人与人的关系说到底是建立在"利益"上的，熟识的亲朋好友尚且如此，如果是对陌生人，或者仅仅沟通过几次还谈不上熟人关系，如果没有利益，就没有关系的持续深入和销售结果的实现。

不论是产品利益、消费者利益，还是情感利益，都需要具有说服力的支撑依据。要知道，比利益更加重要的是你的利益从何而来，为什么会有这些利益，理由是什么？如果你的邀约没有利益点，或者有了利益点却缺乏充分支撑的话，消费者凭什么相信你，凭什么浪费时间跟你见面？尤其是在商品多如牛毛，同质化现象日趋严重的销售环境里，你如果没有过硬的理由，往往在邀约这一步就失败了。

广告大师奥格威说，永远不要以为消费者是傻子，他比我们要聪明得多。商品摆在商店里买不买是他们的事，如果你说得有道理，他们就信你；如果你说得牵强附会于理不通，他们就会毫不犹豫地走开。

所以，真正的销售高手都会在与消费者相关的"利益"上下功夫。

有一个关于产品的 USP 理论，主要有以下三点核心的产品推广思想。

（1）每一次宣传产品必须向消费者提供一个主张，让其明白购买你的产品可以获得哪些利益。

（2）主张必须是独特的，是竞争对手没有的、做不到的，或者是竞争对手有，但没有说出来的。

（3）主张必须是有销售力的，强有力地聚焦在一个点上，集中打动、感动消费者。

一句话，客户买的不是产品的普通卖点，而是对他有好处的利益。以保险销售邀约为例。

如果你对客户说见面能让他更加了解某某保障或新产品，就不叫充分的理由，因为这点能应用在很多人身上！但如果说"见面能帮他提升收益，让资金更安全"，这样行不行？还是不行！因为这个"点"也能随便套用在很多人身上，这种话整个行业都在讲，你的客户已经听腻了。

所以给客户定制化的"利益"应该要精准对应客户的个性化痛点，如对容易忧虑、想东想西的客户，保险能帮他"解决失眠问题"；对曾经被骗或投资失利的客户，保险能避免损失，未来回款能保障生活质量，不至于把一辈子的积蓄输光等。这种与客户过去的经历和性格相关的因素，才能达到吸引客户见面的效果。

一句话，说自己好，指的仅仅是比竞争对手好；而利益点是指产品或服务对他好，对他有利益。

某销售讲他的经验，作为家装公司的销售顾问，他们手里有一批客户电话，但每次邀约客户的时候效果都不太好，新业主们都不来。最初他们的邀约话术是："针对咱们小区户型利弊等相关问题，公司周末特举办一场家装咨询会，届时会有优秀设计师一对一为您提供参考意见，您看您是上午或下午什么时候方便参加呢？"这个话术，虽然没有毛病，但客户听完这样的邀请并没有感觉能得到什么好处，所以几乎都是敷衍一下就挂了电话。后来他们重新设计了话术，再给业主们打电话的时候这样说："咱们小区户型有弊端，公司周末要举办一场家装咨询会，优秀设计师抱团揣摩该项目户型1个月，将一对一免费为您提供参考意见，多一个想法多一条建议，多了解家装行情，都是您满满的收获，每一分钟的交流都是有价值的，不知您是上午还是下午参加呢？"

仅仅是这一小小的话术调整，就让业主们感受到参加装修咨询会是为了自己能得到好处。

所以，不要总是停留在卖货思维上，要拥有客户思维，以客户的需求为中心，满足了客户的利益，才能和客户产生一定的联结。客户才会抽出时间来见你，这就是理由。

05. 把握"七秒钟定律"的精髓

常言道:"好的开始,是成功的一半。"在销售人员拜访客户或客户已经到了现场时更是如此。想要稳住已到场的客户,就需要掌握"七秒钟定律"的精髓。

七秒钟定律是一个营销术语,指的是消费者会在七秒钟内决定是否对某个产品或服务产生购买意愿。这个概念最早由美国心理学家艾伯特·赫拉伯恩提出,他认为人的大脑在处理信息时,有七个阶段性步骤,这七个步骤加起来的时间大约是七秒钟。客户在面对商品时,通常只需要七秒钟就可以确定是否对这些商品感兴趣。在这短暂的七秒钟内,色彩的作用占到了67%,成为决定人们对商品好恶的重要因素。因此,销售人员需要在七秒钟内通过产品的外观、名称、标签、包装、广告、宣传等手段吸引客户的注意力,并让他们对产品或服务产生良好的第一印象。

有一种说法,在最初相遇的七秒钟,对视的感觉决定了我们印象的好恶。如果在这七秒钟内建立了恶感,那么很长一段时间里都是改变不过来的,甚至可能是终生。如果在这七秒钟内建立了好感,那么就会产生更高水平的激情、喜爱和感情上的联系。

为了有效地运用七秒钟定律,销售人员需要深入了解消费者的需求和心理,以便更好地设计和呈现产品或服务。如果商品的视觉设计没有得到充分的重视,那么企业失去的不只是一份关注,更可能是一次宝贵的商机。

首先，销售人员要在外形上包装自己，让自己看起来像位成功人士，同时要热情，主动向人寒暄，见面时常常微笑；其次要学会求同，也就是找出与对方的某种共同点，无形中让他对你产生亲切感。

客户对你产生了好感，接着就需要把握七秒钟定律让客户对产品再产生好感。

第一，突出品牌或产品的主色系。一般暖色更容易吸引人，冷色容易让人冷静不利于成交。例如，京东标识之前是蓝色，后来把标识与整个平台界面都换成了红色系，红色或橙色有助于产生冲动消费影响消费者。

第二，文案要能抓住客户。许多研究表明，儿童、成年人、老年人对物体图片的记忆要好于对物体语言描述或者物体名称的记忆。插画比起文字更加生动，所需思考更少，趣味性与放松性极佳，尤其是对现代消费的主力军——年轻群体，一幅优秀的插画能够成功勾起他们的兴趣并刺激消费。

第三，现场的陈列很关键。客户被邀约到了现场，店铺环境要给人留下一个干净卫生的印象，所销售的主营产品要陈列丰满、品种多，价格标签整齐，消费者才会产生较大的购买热情。

想要做到以上三点，首先需要调查消费市场，要恰当运用色彩，就要了解特定产品、消费者需要产品本身或者产品提供者营造的色彩，传达给他们什么样的信息、情感才会符合他们的购买期望。其次，明确商品的消费对象和公司产品的战略位置，同时顾及时代潮流、客户的喜好等信息，设定商品形象。此外，销售计划的实施要能给顾客留下深刻的印象，其成功运作要借助于商品本身、包装、宣传资料、说明书、商品陈列等色彩形象策略。最后，收集资料，掌握"什么东西最好卖"和"为什么好卖"两个要点，验证营销策略，同时建立商务信息资料系统，利用营销积累的资料，更有效地为营销策略提供帮助。

06. 与客户微信沟通的微妙技巧

很多销售人员能够成功添加客户的微信，但加完以后又不知道怎样跟对方沟通，生怕说得不对又被客户删除。所以，在微信上与客户沟通时，销售人员需要掌握一些微妙而重要的技巧，以确保对话的顺畅和有效，进而促进销售。

没有经验的销售小白会第一时间向客户介绍自己并推荐产品，比如："李总，我是刚跟您通话的小王，如果你有××产品的需求记得找我哈。""哥，您好！我是××全屋定制公司的小张，您需要装修的话可以找我。""张总，我是××品牌的代理，您需要该品牌可以联系我。"

以上话术雷同，都是属于低层次的对话，即使是老客户这样说也会招致反感，如果是刚刚新添加的客户，一定会更加反感，因为在这些沟通信息里，向对方传达了非常强烈的销售味儿。添加了微信既不能置之不理，也不能急于求成，而是要告诉对方你是谁，能为对方做什么，对方有什么问题可以咨询你，你为什么可以回答这些问题。比如，可以这样说："您好，我是小李，在家装行业做了十多年，有丰富的经验，能够保证您在装修上少走弯路，花最少的钱找到最心仪的品牌。您家的小区我服务过很多客户，针对您那个住宅区的户型我们有多套成熟的方案，稍后我给您看看。""您好，我是某某汽车行的小张，既是一名销售顾问，也是一位汽车修理工。我有八年的维修经验，对车非常精通。可以帮您选到心仪的爱车，如果您有汽车方面的维修需求，可以咨询我。我可以帮您出出主意、把把关。"

这样的沟通不卑不亢的同时，还向对方传达了你的专业能力和服务经验，自然不会引起客户反感。即使客户不会及时回复也没关系，可以将自己的方案和产品推介发给对方，等待对方回复了再做下一步沟通。

与客户进行微信沟通之前，有以下注意事项。

（1）在开始对话之前，尽可能地了解客户的基本信息、需求和兴趣。这有助于销售人员更加精准地推荐产品，并提供个性化的服务。

（2）一个友好的开场白可以迅速拉近与客户的距离。可以使用一些礼貌的称呼，如"您好""尊敬的客户"等，并表达对客户的关心和感谢。

（3）微信沟通不同于面对面的销售，过于直接的销售语言可能会让客户感到不适。因此，销售人员需要采用委婉和含蓄的表达方式，逐步引导客户了解产品。

（4）在沟通过程中，积极倾听客户的意见和建议，并及时给予回应。这不仅可以增强客户的信任感，还可以帮助销售人员更好地了解客户的需求和疑虑。

（5）除产品介绍外，销售人员还可以分享一些行业资讯、使用技巧等有价值的信息，以提升客户对产品的认知和兴趣。

（6）当客户提出异议或疑虑时，销售人员需要保持冷静和耐心，用专业的知识和经验进行解答和解释。同时，也可以适当提供一些优惠或保障措施，以消除客户的顾虑。

（7）不能过于频繁地打扰客户，但要确保在关键时刻能够及时与客户取得联系。根据客户的反馈和需求，灵活调整沟通频率和方式。

（8）在微信沟通中，语言和措辞的选择尤为重要。销售人员需要使用准确、简洁、易懂的语言，避免使用过于复杂或生僻的词汇。同时，也要注意语气和表情的使用，保持亲切、友好的形象。

07. 简单的语言防止客户感觉"被忽悠"

很多人觉得销售这个职业只是推销、忽悠，靠三寸不烂之舌让人买东西。没有经验的销售人员掌握不好销售的方法和技巧，往往会喋喋不休地为了卖而卖，尤其是对于刚刚接触不久的新客户，话说得越多、越复杂，越容易让人产生"你是个大忽悠"的感觉。

俗话说，做销售一定不要像销售。也就是说，优秀的销售人员，他们并不会给人留下推销的感觉。相反，他们更像是客户的知心朋友，能准确把握客户的心理，提供适合的建议和方案，是客户的帮助者，而不是单纯卖东西的人。

有销售人员总结自己的经验说："我花了很多时间和精力帮助客户解决问题，耐心解答各种疑问，但客户连句谢谢都没有。相反，有些人几乎没发广告，不怎么推销，说话也直接明了，却有一群忠实的客户，还会为他们转介绍。"

这两种销售的区别很明显，前者太过主动，甚至有些为了销售而低三下四，后者则不然，不卑不亢，简简单单反而容易让人产生信任。

优秀的销售人员不是说得多，而是说一句是一句，而且要说客户愿意听的，而不是你想说的。销售不是卖东西，而是在帮客户买东西。销售不是把产品和服务塞给客户，而是在帮客户解决问题。销售在说话之前要把自己想要的，变成客户想要的，翻译过来结果就不一样了。很多时候，销售人员只顾自己说产品是铁打的钢做的，服务是全行业一流的，客户会认为跟他没有半毛钱关系。

所以，为了防止客户感觉"被忽悠"，在与客户沟通时，应尽量使用简单、直接、明了的语言。以下是五点建议。

（1）不要说专业的术语。销售的专业很关键，但如果满嘴都是专业的词，难免让客户反感，避免使用过于专业或复杂的词汇，尽量用客户容易理解的日常用语来解释。

（2）不要拐弯抹角，直接回答问题。当客户提出问题时，直接给出答案，不要绕圈子或含糊其词。

（3）把客户提出的问题解释清晰。客户有自己的真实需求，所以会提出疑问或问题，销售对于产品或服务的功能、优点和价格等关键信息，要解释得清晰明了，避免让客户产生误解。

（4）不要自夸，更不要夸大其词。不要夸大产品或服务的效果，要实事求是地描述，避免让客户觉得被夸大其词的宣传所欺骗。

（5）确认理解并尊重客户。在沟通过程中，不时地确认客户是否理解你所说的内容，以确保信息的准确传达。始终保持尊重客户的态度，真诚地为客户解答疑问，不要让客户觉得被轻视或忽视。

例如，当客户询问某款产品的性能时，你可以这样回答："这款产品的性能非常稳定，经过多次测试，能够满足大多数用户的需求。它采用了先进的技术，使用起来也很方便。当然，如果您有其他特殊需求或疑问，我们也可以进一步讨论。"这样的回答既直接又具体，能够让客户对产品有一个清晰的认识。

总之，与客户沟通时，要保持真诚、透明和尊重，用简单明了的语言来解释问题，避免让客户产生疑虑或误解。

08. 使用"假设确认法"了解客户意愿

"假设确认法"是一种在销售、沟通或谈判中常用的策略。其核心在于销售人员首先假设客户的时间、需求或情况是确定的,并基于此进行进一步的确认或提问。这种方法有助于销售人员占据主动地位,并提升邀约或沟通的成功概率。

做销售的希望每一个邀约来的客户都是自己的精准客户,检验客户是不是精准客户要用"假设确认法"去测试一下。

具体来说,使用"假设确认法"时,销售人员会先提出一个基于假设的问题,如:"您对我们的产品很感兴趣,是对手机产品还是家电产品呢?"或者"您下周二有空,是上午十点还是下午两点方便呢,我们可以安排一个会面吗?"这样的问题旨在引导客户确认或否认销售人员的假设,从而更直接地了解客户的需求或意愿。

再比如,"如果您有机会改进这款产品,您希望改进哪些方面?"或者"如果您需要购买同类产品,您会选择哪个品牌?"这样的问题可以让销售人员了解客户对某些问题的态度和看法,从而更好地了解客户的需求。

假设一个汽车销售顾问正在与一位潜在客户沟通,这位客户对某款新上市的 SUV 很感兴趣。在交谈中,销售顾问并没有直接推销车辆,而是采用了"假设确认法"来引导客户思考并做出决策。

销售顾问首先确认了客户对 SUV 的基本需求,如空间、舒适性和性能等。其次,他开始假设性地提问:"如果您拥有一辆这样的 SUV,您会喜欢在周末带着家人去郊外自驾游吗？"客户表示赞同，并表达了对家庭出游的期待。

接着，销售顾问继续假设性地描述："想象一下，您驾驶着这款SUV，在高速公路上稳定而舒适地行驶，车内的智能系统为您的旅程提供了便利和娱乐，您的家人也在后座上享受着舒适的乘坐体验。这样的场景是否符合您对理想家庭用车的期望呢？"

客户被销售顾问的描述所吸引，开始更加积极地参与到讨论中。此时，销售顾问又进一步假设性地提出："如果您决定购买这款SUV，您还希望我们为您提供哪些附加服务或优惠呢？"客户思考了一会儿，提出了一些个性化的要求。

通过一系列假设性的提问和描述，销售顾问成功地引导客户思考了购买SUV后的各种场景和可能带来的好处，也了解了客户的期望和需求。最终，在客户对车辆和服务都有了充分了解的基础上，销售顾问顺利地促成了交易。

这个案例展示了"假设确认法"在销售中的有效应用。通过假设性的提问和描述，销售人员能够引导客户思考并确认自己的需求和期望，从而促成交易。同时，这种方法也体现了对客户的尊重和理解，有助于建立长期的信任关系。

这种方法的优势在于它能够在对话的早期就设定一个积极的基调，并且有助于引导对话的方向。通过假设并确认客户的需求或意愿，销售人员可以更快地进入实质性的讨论，避免在无关紧要的细节上浪费时间。

需要注意的是，"假设确认法"并非万无一失的策略。在使用该方法时，销售人员需要确保自己的假设是合理的，并且有足够的依据来支持这些假设。否则，如果假设与客户的实际情况相去甚远，可能会导致客户感到被误解或不尊重，从而影响销售的效果。

此外，销售人员还需要根据客户的反应和反馈灵活调整策略。如果客户对销售人员的假设表示异议或提出不同的观点，销售人员应该尊重客户的意见，并尝试通过进一步的沟通来达成共识。

总之，"假设确认法"是一种有效的销售策略，但需要在合适的情境下谨慎使用，并结合其他销售技巧来达到最佳效果。

09. 持续跟进需要"正话反说"

经过了邀约这一关，销售人员等于和客户有了进行下一步的基础，但仅仅是基础而已。不会跟进客户的销售等于没有客户。根据调研，大多数的客户是在被跟进 4~11 次以后才成交，大部分销售首次签单的成功率只有 5%，就算做得好的，也在 10% 左右。但是，至少有 80% 甚至 90% 以上的客户，需要销售人员多次跟进，才有机会成交。所以，跟进客户的能力决定了销售的成败和业绩。

跟进也是有方法的，在跟进的过程中错误的沟通如："李总，咱们这个项目，您考虑得如何呀？"这样的沟通只要客户一句"我还没考虑好"基本就没有下文了。正确的说法应该是"李总，上次咱们沟通了两个多小时，您也对我们公司的资产、产品及售后方面进行了全面的了解。我今天主要是看看您接下来咱们有没有合作的可能，或者您还有哪方面顾虑需要我们调整，您直接跟我说，我尽全力配合"。

如果对方一直没有回应，过几天可以继续留言："李总，说实话，我又厚着脸皮来联系您了。万一您是因为忙没找我，那就是我工作上的疏忽了。当然，如果您已选择别人，告诉我一声就行了。只要您能找到心仪的产品，我也替您高兴。如果您身边的朋友有这方面的需求，也麻烦您给引荐引荐，不胜感激，咱们下次有机会再合作。"

在销售技巧方面有一个简单的哲学，那就是尽可能跟进多次，直至得到回应。无论客户是选择还是拒绝，都比不跟进要强得多。

如果客户告诉你，他3天后才能回复，就要在备忘录里标记，并在3天后主动联系客户。如果客户告诉你他不感兴趣，那么就识趣暂时不要打扰。如果客户压根儿没有回应，则要继续联系他们，直到他们给出确定的回复。

做销售有一个跟进时间表：

第1天：第一次跟进

第3天：第二次跟进

第7天：第三次跟进

第14天：第四次跟进

第28天：第五次跟进

第58天：第六次跟进

之后每月一次。

在跟进客户的过程中，要学会"正话反说"，不是指直接说出与本意相反的话，而是采用一种委婉、含蓄或巧妙的方式来表达意思，以避免直接冲突或尴尬，同时增加沟通的趣味性和深度。以下是一些"正话反说"的跟进客户技巧。

（1）以退为进。当客户对某个产品或服务表示犹豫时，可以说："我完全理解您的顾虑，其实这款产品可能并不适合所有人，如果您觉得它不符合您的需求，那可以看看其他的选择。"这种说法实际上是在暗示客户，这款产品其实很适合他们，但同时又给了客户一个"退路"，使他们更容易接受。

（2）巧妙赞美。通过正话反说的方式来赞美客户，比如："您真是太挑剔了，能遇到像您这样对产品要求严格的客户，我们真是既高兴又头疼。"这样的说法实际上是在表达"您的严格要求正是我们追求的目标"，同时又以一种幽默的方式化解了紧张气氛。

（3）含蓄提醒。如果客户迟迟不做决策，可以用一种含蓄的方式来提醒他们，比如："看来您真是个深思熟虑的人，不过有时候机会稍纵即逝，您觉得呢？"这样的话语既表达了理解，又提醒了客户需要尽快做出决策。

（4）幽默化解。当遇到客户的异议或抱怨时，可以用幽默的方式来化解紧张氛围，比如："看来您对我们的产品'爱之深，责之切'啊！"这样的回应既表达了对客户反馈的重视，又以轻松的方式缓解了紧张情绪。

（5）间接建议。在给出建议时，可以采用间接的方式，比如："您有没有考虑过这种可能性，如果我们稍微调整一下策略，可能会得到更好的效果？"这样的说法避免了直接命令或强加于人，更容易被客户接受。

总之，在客户跟进过程中，采用"正话反说"是一种高情商的沟通方式，它既能有效地传达信息，又能避免直接冲突，增加沟通的和谐与效率。但需要注意的是，这种技巧需要根据具体情况灵活运用，避免过度使用或误用导致沟通效果不佳。

10. 开拓新客户、维护老客户，销售才能持续

麻省理工学院的研究数据显示，在新客与老客带来盈利相同的情况下，获取新客的成本比留住老客的成本高出16倍。所以在业务系统中客户量已经有所积累的情况下，比起增加新客数量，把忠实用户的发展重

心，放在老客的运营培养上，似乎更具有性价比。而想要实现销售的持续，需要在开拓新客户的同时，不断维护老客户才是上策。

维护老客户的重要性不言而喻，对于任何企业而言，老客户都是一笔宝贵的财富。

老客户已经对企业的产品或服务有了一定的了解和信任，所以更容易产生重复购买的行为。相比开拓新客户，维护老客户所需的时间和成本都更低，因此老客户是企业稳定的收入来源。通过维护好老客户，企业可以确保销售收入的稳定增长，为企业的持续发展提供有力保障。

老客户在享受企业提供的优质产品和服务后，往往会成为企业的忠实粉丝，并愿意向身边的人推荐和分享。他们的口碑传播对于企业的品牌形象和声誉有着巨大的影响力。通过维护老客户，企业可以激发他们的口碑传播热情，吸引更多的潜在客户，进一步扩大市场份额。

老客户与企业之间的长期合作关系使得他们更愿意向企业反馈市场信息和产品意见。这些宝贵的反馈可以帮助企业及时了解市场需求和变化，调整产品或服务策略，以满足客户的期望和需求。通过维护老客户，企业可以建立一个有效的市场信息反馈渠道，为企业的决策和发展提供有力支持。

通过定期回访、关怀问候以及解决客户问题和疑虑等维护手段，企业可以增强与老客户之间的情感联系，提升他们的满意度和忠诚度。满意的客户更容易成为企业的长期合作伙伴，并愿意为企业贡献更多的价值。而忠诚的老客户不仅可以为企业带来稳定的收益，还可以在企业面临困难时给予支持和帮助。

例如，某家电子产品销售公司的销售员李明，一直以来都非常重视与老客户的维护关系。李明深知老客户是企业稳定发展的重要基石，因此总是尽力为他们提供优质的服务和关怀。

有一天,他的老客户张先生打来电话,表示对最近购买的一款智能手机不太满意,在使用过程中遇到了一些操作问题。李明立刻安慰张先生,并详细询问了问题的具体情况。他耐心地听取了张先生的反馈,并主动提出为他提供一对一的操作指导服务。

李明利用自己的专业知识和经验,通过电话远程指导张先生解决操作问题,并详细解释了手机的各种功能和使用技巧。在解决问题的过程中,他还主动询问了张先生对其他产品的需求,并根据他的使用情况推荐了一些适合他的产品。

除了解决操作问题,李明还定期与张先生保持联系,关心他的使用情况,并主动提供优惠活动和新品信息。他还定期发送温馨的节日祝福和问候,让张先生感受到他的关心和诚意。

通过李明的精心维护,张先生对这次购物体验非常满意,并成为李明的忠实客户。他不仅在后续购买中继续选择该公司的产品,还向身边的朋友和家人推荐了李明。

那么,作为销售人员怎么做才能在开拓新客户、维护老客户的同时,又能带来转介绍呢?

首先,产品和服务足够好。当你的产品和服务让老用户用着喜欢,并能满足他们的需求,得到了老用户的认可,他们才会真心地做推荐和分享。其次,用户做推广以后能得到什么好处。一般有两种情况会让老客户转介绍,一是朋友获益,二是自己获益。朋友获益就是好的东西,不分享给别人对不起朋友,自己获益就是朋友付钱购买,自己能拿到提成。真正的动力往往是朋友获益能让老用户产生主动分享的动力。对于自己获益这件事,很多人不会为了拿到提成而去冒让朋友觉得自己"赚朋友钱的"这种名声风险。

所以,真正能够成功的是要让朋友和自己都获益,而且朋友获益在前，自己获益在后，这样才会让老客户主动转介绍。

比如，把给老用户的提成变成红包，当他的新朋友首次下单，系统便送出100元红包，两人各得一半，这样老客户和他的新朋友都会觉得这是意外所得。饿了么和滴滴打车都在用这种方法促进转介绍。

再比如，可以把提成变为积分，用于兑换礼品。积分的背后其实就是现金，但积分的好处在于让用户感觉拿的不是钱，从而不会产生"赚朋友钱"的愧疚感。比如，一些会员推荐新会员加入，就可以得到积分，积满多少分可以兑换礼品或第二年年费等就是这种模式。

还有一种方式是把提成变抽奖的模式，万一真中奖了，老客户会觉得这个奖品是靠运气赚来的，而不是从朋友口袋里掏出来的。

如今想开店并能很好地经营下去，第一，离不开客源；第二，离不开老客户转介绍新客户。想要实现老带新，你的产品和服务必须让他们感到非常满意，他们才会重复购买并介绍别人来购买。只要顾客用得好，他们不仅自己用，还会主动地推荐给自己的朋友用。如果一个销售能与顾客建立信任并得到转介绍，那么你的潜在客户会越来越多，你的销售人气也将会越来越旺。

第二章 "破冰"
——会说话会倾听，业绩不愁拔尖

01. 与客户对话，谁主导节奏，谁就是赢家

有经验的销售人员不会被客户左右，更不会被客户牵着鼻子走。他们在与客户交谈时总是迎合客户，对客户的问题毫不犹豫地回答，对客户的质疑——解释。然而，即便这样，也很难签单，然后抱怨说："现在的客户真是难以搞定，我都顺着他们说了，还是没有成功。"

其实，在销售过程中，应该尽量避免被客户带节奏，与客户对话，谁主导节奏，谁便在对话中更有利。

在销售人员与客户的对话中，节奏的主导权并非绝对属于某一方，而是随着对话的进展和双方的互动而变化。然而，能够灵活掌握节奏并在关键时刻引导对话走向的一方，往往更有可能成为赢家。

很多时候单子没有签或商品没有卖出去，并不是因为客户太强势或者太精明，不给销售说话的机会，而是销售太过顺从客户。问什么就答什么，看似是个为客户着想的销售，实际在客户想要问的问题都知道答案后，往往会以"我再考虑考虑"结束。在销售过程中，满足客户的需求是很关键的，但一味地迁就，一味地讨好客户，反而会降低你在客户心目中的专业形象。想要不按客户的节奏被动沟通，还应该具备一定的主导能力。这并不意味着要完全掌控对话，而是能够在适当的时机提出关键问题、引导话题方向，以及有效地传递产品或服务的信息。通过展示专业知识和解决问题的能力，销售人员可以逐渐建立起客户的信任，并引导他们关注产品或服务的核心价值。

例如，某家高端家居用品公司的销售员小王，负责与客户李先生进行产品推介和洽谈。李先生对家居环境有较高要求，正在寻找能够提升生活品质的家居用品。

小王通过轻松的开场白打破僵局，询问李先生对家居用品的喜好和期望。李先生表示他对家居用品的材质、设计和功能性都有较高要求，希望能够找到既实用又美观的产品。小王根据李先生的需求，开始有针对性地介绍公司的明星产品——一款智能调节的沙发。他首先强调了沙发的优质材质和精湛工艺，其次详细解释了沙发的智能调节功能，如何能够根据个人的体型和坐姿进行自动调节，以提供最佳的舒适体验。

在介绍过程中，小王时刻关注李先生的反应和反馈。当李先生对沙发的价格表示疑虑时，小王立即解释了产品的附加值和长期使用的经济性，同时提到公司目前的优惠活动，使价格更具吸引力。

随着对话的深入，小王逐渐引导李先生关注产品的更多细节和优势。他通过提问的方式，引导李先生思考自己在家居环境中的实际需求，并针对性地提出解决方案。例如，当李先生提到自己经常在家办公时，小王便介绍了公司的一款人体工学椅，强调其对于长时间坐着办公的舒适性和健康性。最终，在小王的精心引导下，李先生对公司的产品产生了浓厚的兴趣，并决定购买一款智能调节沙发和一款人体工学椅。小王还趁机介绍了公司的售后服务和保修政策，进一步增强了李先生的购买信心。

当然，在沟通中，客户同样扮演着重要的角色。他们的需求和期望是销售成功的关键。因此，销售人员需要密切关注客户的反应和反馈，灵活调整自己的策略。当客户提出疑问或异议时，销售人员需要耐心倾听、理解并作出积极的回应。这种以客户为中心的态度不仅有助于建立良好的客户关系，还能够提高销售的成功率。

在对话中，双方需要保持一种动态的平衡。销售人员需要在保持专业性和主导力的同时，尊重客户的意见和需求；而客户也需要在表达自己的期望和关注点的同时，给予销售人员足够的空间和机会来展示产品或服务的优势。

因此，赢家往往是能够成功引导对话走向、满足客户需求并建立起长期合作关系的一方。这需要销售人员具备出色的沟通技巧、敏锐的观察力以及灵活应变能力。同时，客户的积极参与和反馈也是实现共赢的重要因素。

因此，在销售人员与客户的对话中，节奏的主导权并非固定不变，而是随着双方的互动而变化。成功的关键在于双方能够保持动态的平衡，并在关键时刻共同推动对话走向成功。

02. 不要和客户争论

网络上流行一句话"别杠，杠就是你对"。用在销售面对不同的客户场景也很合适，客户永远是对的，因为客户就是上帝。即使客户说的话令你不满意，或者提出了让你难以应付和接受的问题，也不要与客户争论。在销售过程中与客户发生争论是极其不明智的行为。这种做法不仅会损害双方的关系，还可能导致客户流失，最终输掉潜在的生意机会。

销售产品和服务，说到底就是为客户服务，难免有让客户不高兴的时候。但与顾客沟通时，我们依然是在推销产品希望成交，不是参加辩论，与顾客争辩解决不了任何问题，只会招致顾客的反感。有句话说："把客户聊开心，你是最强销冠；在语言上胜了客户，你是最没用的销售弱智。"何况，人与人的立场、视野、见解和对一个事物的看法不同，就会导致意见不一致，这时候争对错，往往会失去得更多。

某公司的销售人员小李，一直负责跟进一家大型企业 A 的采购项目。经过多次沟通和协商，双方已经初步达成合作意向，并约定了具体的交货时间和合同条款。小李为此付出了很多努力，对这个订单寄予厚望。

然而，在合同签订前的最后一次会面中，客户 A 的采购经理提出了新的要求，希望小李能够做出让步。小李觉得这些要求超出了公司的承受范围，而且之前已经多次沟通并确定了相关细节，因此他坚定地拒绝了客户的要求。

采购经理对此表示不满，并试图与小李进行进一步的协商。但小李的情绪已经有些激动，他认为客户是在故意刁难自己，开始用较为强硬和不满的语气回应客户。双方的矛盾逐渐升级，最终导致激烈的争论。

在这次争论中，小李未能控制住自己的情绪，对客户使用了不当的言辞，甚至表现出了不礼貌的行为。客户对此感到非常失望和不满，认为小李缺乏专业素养和合作精神，决定取消与小李的合作，转而寻找其他供应商。小李因为一时的情绪失控，不仅失去了这个重要的订单，还损害了公司与客户之间的关系。

这个案例警示我们，在销售过程中，无论遇到什么情况，销售人员都应该保持冷静、专业和礼貌的态度，避免因情绪失控而丢失重要的订单和客户关系。与客户之间的沟通和协商应该是基于相互尊重和理解的，任何形式的争论和冲突都不利于双方的合作和发展。

因此，销售人员应该始终避免与客户争论，而是采用更加理性、专业和合作的方式来处理客户的异议和反馈。

当客户提出不同的意见或疑问时，销售人员应该保持冷静和耐心，认真倾听客户的观点和想法。通过了解客户的真实需求和关注点，销售人员可以更好地把握客户的需求，并为客户提供更加精准和有效的解决方案。

在回应客户的异议时，销售人员应该注重事实和数据的支持，以客观、准确的信息来解答客户的疑问。同时，要尊重客户的观点，避免使用攻击性或贬低性的言辞，以免加剧双方的矛盾。

如果客户坚持自己的立场，销售人员也应该以礼貌和尊重的态度来对待，可以尝试寻找双方都能接受的共同点或解决方案，以达到双赢的效果。在无法达成共识的情况下，销售人员也可以适时地提出暂时放下这个话题，转而讨论其他更加积极的方面，以保持对话的顺利进行。

总之，销售人员应该始终将客户的需求和利益放在首位，通过理性、专业和合作的方式与客户进行沟通，建立长期稳定的合作关系，实现共赢的商业目标。赢了面子输了生意的做法不仅无法带来长期的商业成功，还会损害企业的声誉和形象。

03. 成交技巧：80%靠听，20%靠说

说到销售，人们第一时间想到的是如何说服客户，事实上，真正让客户埋单或合作的往往不是因为说得多，而是听得多。通常说得多的人会感觉很舒服，很有成就感，这表明大多数人喜欢说，不喜欢听，大多数人在沟通中最常见的错误就是，说得太多，听得太少，而且没有做到有效倾听。如果是为了销售，就需要别人多说，自己多听。真正的销售高手懂得让客户畅所欲言，然后认真聆听，在听的过程中找到客户的真实需求，然后有针对性地予以满足，最终达成了进一步的合作。

在销售中，倾听是说的一部分，并且是相当重要的一部分。夸夸其谈的人不一定就是会说话的人。惜字如金的人也不一定就拙于言辞，关键是

第二章 "破冰"——会说话会倾听，业绩不愁拔尖

要会听，必要的时候，闭上嘴巴，只需竖起耳朵，反而能把话"说"得圆满。俗话说得好：三年学说话，一生学闭嘴。80%靠倾听，20%靠说话，这是销售心理学总结出的结论。

倾听并不一定是耳朵的事，手眼心并用才能达到最佳效果，所以，在倾听时，要学会察言观色，注意观察客户的表情和肢体语言。另外，听话还要听弦外之音，即关于主题内容之外的信息。这些信息对你了解客户的基本情况和真实心理有着非常重要的作用。

很多时候顾客刚跟你接触，你可能感觉不到他的需求，甚至因为他提起竞争对手的品牌时会让你产生本能的反感，你会自动把顾客屏蔽在潜在客户的范围之外，这是不对的。只要你耐心听，你就会感觉出来，你的销售点也会陆续出来。

有一个金牌销售拜访了一位上市公司董事长，在没见面之前就打听了该董事长的创业史，正式去拜访的时候问了对方一个问题："张总，听说您创业最艰难的时候，全家人都住在厂房。"正是这句引导式的提问，把这位企业家过往创业的辛酸史给勾了出来，于是打开话匣子滔滔不绝讲自己的创业故事。等到对方讲完了，该销售又追问了一句："听说您在最艰难的时候，把唯一的房子都抵押了，当时股东提出撤资，您是怎么解决的，怎么坚持过来的？"客户像是找到了知己，又开始讲了很多自己的创业故事。整个会面的过程大约两个小时，全程销售说的话不超过10句，全程都是客户在讲。除了中间偶尔表达共情地点点头，做记录之外，全是用心在倾听。最后客户说了一句"你是唯一听懂我讲话的人，这个项目就让你们做了"。当时这个单子可不小，500万元的大单就因为倾听而轻松拿下。

听也是有技巧的，不要为了听而听，尤其不要装出一副毕恭毕敬、假装感兴趣的样子来。既然是听，就要发自内心真诚倾听，因为每个客户都

有销售值得学习的故事。

要全身心进入状态，听懂客户表达的情绪，时而点头、时而针对某个点回应一句，让客户感受到你的认真和用心。

当客户敞开心扉和你畅谈梦想时，销售员不要感到厌烦，要知道客户向你倾诉，本身就是对你的喜欢和信任，而且面由心生，有可能客户还会察觉到你隐藏的不满，更不要随意打断客户，让客户失望，不要让客户觉得你早就知道他要说什么，而是关注他说的细节和话题。

在销售过程中，提高自己的倾听能力对于建立良好的客户关系、理解客户需求以及促成交易至关重要。销售人员如何提高自己的倾听能力呢？可以重点关注以下四个方面。

（1）保持专注与耐心。在与客户交流时，确保注意力完全集中在客户身上，避免被手机、邮件或其他事情分散注意力。不要急于打断客户或提出自己的观点，而是耐心听完客户的描述和意见，确保理解完整。

（2）积极回应和反馈。通过点头或微笑等肢体语言，向客户表达自己在认真倾听。在合适的时候，重复或总结客户的话，以确保自己准确理解客户的意图和需求。根据客户的描述，提出有针对性的问题，以进一步了解客户的想法和需求。

（3）理解和共情。尝试从客户的角度思考问题，理解他们的需求和痛点。当客户表达不满或困扰时，适当表达理解和同情，让客户感受到自己的关心和支持。

（4）记录和整理听到的信息。使用笔记本或电子设备记录客户提到的关键信息，以便后续跟进和处理。在交流结束后，整理和分析记录的信息，以便更好地把握客户需求和市场趋势。

04. 有效提问获取客户更多信息

客户的真实需求，是销售能否成单的关键突破口。但是，大多数客户不会主动向销售人员说出自己的真实需求，而需要销售人员从沟通中去发现。在销售过程中，向客户有效提问是非常重要的技巧，因为它可以帮助销售人员更好地了解客户需求，建立信任关系，并推动销售进程。

学会有效提问，可以减轻对话中客户的压力，了解客户的真实想法，掌控对话的进程，为成交做铺垫。销售是销售人员与不熟悉的人打交道的过程。由于不熟悉产生疑虑和不信任在所难免，因此销售人员在对客户进行提问时，不能什么问题都问，更不能让客户感觉被套话或被控制的感觉。在提问中，有以下四种方法和技巧。

（1）提问时充满柔性不要太过尖锐。比如，销售人员可以这样对客户提问："我能否请教您一个问题。""您提的这个问题，能不能再详细说一说？""您刚才说的，的确是我们之前没有考虑到的，您看能不能根据您的实际需求，再给我们讲讲您对这个产品的期望？""您希望这个产品能帮助您解决哪些问题？"这样的问题可以引导客户详细描述他们的需求，为销售人员提供更多信息。也可以询问客户的意见和看法，如："您觉得这款产品怎么样？"或"您对我们公司的服务有什么建议吗？"通过这样的问题，销售人员可以了解客户对产品和服务的看法，从而调整销售策略。这种提问属于开放式的提问，不但不会引起客户反感，有的客户还会觉得受到了尊重，反而会说得更多。

（2）向客户表达感谢。销售人员虽然是销售产品的一方，但并没有义务要回答客户提出的任何一个问题，同理，作为买家，客户也没有义务回答销售人员提出的所有问题。尤其是不会提问的销售人员如果问的问题太过刁钻，客户更不会回答。所以，如果遇到坦诚相见的客户，销售人员要第一时间向客户表达感谢。例如，"谢谢您的坦率和真诚"。"感谢您给我们提供了这么宝贵的意见，我们会努力改进，争取做得更好。"

（3）注意提问技巧。在提问时，销售人员应密切关注客户的反应，倾听他们的回答，并观察他们的表情和肢体语言。这有助于销售人员判断客户的兴趣和需求，从而调整提问策略。销售人员可以从宽泛的问题开始，逐渐过渡到更具体的问题。这样可以帮助客户逐步展开话题，提供更多信息。销售人员应避免一次性提出多个问题，以免让客户感到压力。相反，应该根据客户的回答逐步展开提问，保持对话的流畅性。

（4）提问之前让客户有心理准备。销售人员不要为了提问而提问，而是要让客户提前有心理准备，以免对你提出的问题产生不舒服的感觉，要让对方觉得你是在为他解决问题。例如："您能说说您具体的工作吗？这样我才能够为您提供符合您实际需要的产品。""我需要问您一些问题，以了解您的需求，可以吗？"

经过以上四个环节的提问，基本就能搞明白顾客的需求，这个时候就可以根据自己的专业和品牌来推荐合适的产品给客户。

对于有效提问，有以下两种问话模式，前一种抓住产品发问，相当于把顾客直接赶跑了；而后一种是背景性提问，一步步引导，明白客户的真正需求，才能成交。切记，背景决定产品，不能问顾客要什么产品，而是要问你使用产品的背景是什么，我再推荐给您最合适的产品。

05. 用"I—R—S法"说服客户

美国总统林肯说过："当我准备发言时总会花三分之二的时间考虑听众想听什么,而只用三分之一的时间考虑我想说什么。"我们都知道打仗要知己知彼,方能百战不殆。任何一种想要说服别人的话说出口,其成功的关键都在于听众对于你说话的认可和接受,因为顾客才是这个场合的中心,而不是我们。

销售人员与客户经常陷入各自为政的状态里。销售人员急于把自己代表的品牌产品卖给客户,而客户往往对不熟悉的品牌保持着戒心。大多数消费者面对销售人员推销的时候会说"之前没听过你们这个牌子呀"。没有经验的销售人员听到客户这样说,很容易心急地辩解,去证明自己所售卖的产品是如何厉害,如"我们的品牌是很知名的,很多地方都有分店"。"我们在某某行业里属于规模排第三的呢。""我们的产品获得了某某权威机构认证,是大众公认的品牌,您怎么能没听过呢。"

以上沟通,不但起不到破冰达到让客户信任的效果,反而会适得其反,会让客户感觉很糟糕,认为销售人员为了吹嘘自己的品牌而不顾事实夸大其词。

目前,市场上同一产品的品牌层出不穷,客户不熟悉你的品牌很正常。想要说服客户认同自己的产品,可以采用"I—R—S法"。

"I—R—S法"是一种销售谈判技巧,其中"I"代表"利益"(Interest),"R"代表"理由"(Reason),"S"代表"解决方案"(Solution)。这种方法的核心在于通过关注客户的利益，提供合理的理由，并给出具体的解决方案，来有效地进行销售谈判和沟通。

具体来说，使用"I—R—S法"时，销售人员首先会强调产品或服务能够为客户带来的利益（I），这些利益通常与客户的业务目标、需求或痛点紧密相关。通过突出利益，销售人员能够激发客户的兴趣，并使他们更容易接受接下来的信息。

其次，销售人员会给出支持这些利益的合理理由（R）。这些理由可能包括市场趋势、竞争状况、产品或服务的独特优势等，用于证明所强调的利益是真实可信的。

最后，销售人员会提供一个具体的解决方案（S），该方案旨在解决客户当前面临的问题或满足其需求，同时实现之前强调的利益。这个解决方案应该是量身定制的，能够充分考虑到客户的实际情况和偏好。

例如，C公司是一家生产高端智能家居产品的企业，正在寻求与一家知名电商平台D公司合作，以提高其品牌知名度和扩大市场份额。C公司的销售人员决定采用"I—R—S法"谈判技巧来与D公司进行合作洽谈。

在谈判的初级阶段，C公司的销售人员首先强调了与D公司合作所能带来的利益。他们指出，通过D公司的电商平台，C公司的智能家居产品能够迅速接触更广泛的潜在客户群体，提高品牌曝光度。同时，D公司强大的物流配送能力和完善的售后服务体系，能够确保客户获得更好的购物体验，进而提高客户的满意度和忠诚度。

其次，销售人员向D公司阐述了合作的理由。他们提到，C公司的智能家居产品在市场上具有独特的技术优势和创新设计，能够满足消费者对智能化、便捷化生活的需求。此外，C公司一直致力于提高产品质量和用户体验，与D公司的合作将共同推动智能家居行业的发展，实现互利共赢。

为了进一步提高说服力，销售人员还提供了市场调研数据和用户反馈，证明C公司的产品在市场上的受欢迎程度和潜在增长空间。

　　最后，销售人员提出了具体的合作解决方案。他们建议双方共同制订市场推广计划，利用D公司的广告资源和营销渠道，对C公司的智能家居产品进行有针对性的宣传和推广。同时，C公司将提供专业的产品培训和售后服务支持，确保D公司的员工能够充分了解产品特点和优势，为客户提供优质的服务。

　　此外，销售人员还提出了灵活的合作模式和利润分配方案，以满足D公司的商业需求和利益诉求。

　　经过几轮深入的谈判，D公司最终同意与C公司进行合作。双方签订了合作协议，并共同制订了详细的市场推广计划和售后服务方案。通过合作，C公司的智能家居产品在D公司的电商平台上获得了广泛的曝光和销售机会，品牌知名度和市场份额均得到了显著提升。

　　通过综合运用"I—R—S法"，销售人员可以在销售谈判中更加有针对性地传达产品或服务的价值，增强客户的信任感，并促进双方达成合作。这种方法不仅有助于提高销售成功率，还能够建立长期稳定的客户关系。

06. 用"认同"思维与客户同频

　　在销售过程中，认同客户是至关重要的。通过认同客户，销售人员能够建立起与客户的良好关系，增强客户对销售人员的信任感，从而更有可能促成交易。

　　销售人员对顾客的认同才会让顾客放下戒心倾听你的说话，然后才有说服别人的可能。

试想一个销售场景：

客户对一个销售人员说"你们家的衣服款式都不太好"。这个时候如果销售人员因为客户说的话不好听而发火回击道："谁说我们家的衣服款式不好？我告诉你，我们家的款式在整个市场如果说第二，就没有人敢说第一。"这样的对话，弄不好会争吵起来，最后只有一种结果，客户没有得到认同，走为上策，再也不会光顾你的店铺。而销售高手会用"认同"去拉近和顾客的距离。他们会说："您这种说法我理解，很多顾客的想法跟您的想法都是一样的，因为每个人穿衣风格不一样，我们家大多的款式都是基础经典款，基础款有个特点，乍一看没感觉，但是穿上去大气时尚，所以这就是为什么我们家风格比较经典，乍看上去不打眼，但是卖得依然非常好。"这样一讲，顾客就想试一下了。

再比如，如果在成交之前遇到顾客说"我再到别人家比较比较，你们家价格有点贵"。销售人员听到这里就能了解顾客弦外之音就是不想买找了个借口，如果你说得好，可能会成交，说得不好这单就黄了。可以这样回答"是的，您说得没错，毕竟价格的确是偏高，不过我想问一下，您想去跟别的品牌比较哪方面呢？是价格的问题，还是尺寸的问题或是款式的问题？您除了价格不满意，其他还有没有顾虑，可以说出来，我可以帮您做一个参考"。顾客听到这句话，内心一定不会特别抵触，反而会觉得被认同。如果再补充一句"我做了多年销售，说一千道一万，最后所有的原因都是价格不太满意，如果是觉得与心理预期的价位不符，可以说说您大概的预期，我们再看看，申请一下有没有打折和赠送礼品"。

顾客在购买行为的过程中存在固定的思维模式，他们的想法、习惯、立场会从自身的角度来思考。而导购则需要主动引导顾客购买，在销售过程中会遇到顾客提出的各类异议与争议，顾客会提出质量、服务、品牌、价格等一系列的异议，这无可厚非，异议与争议无处不在。只有用"认同"，才能真正解决争议，向成交方向推进。无论客户说什么，都可用："是的，我理解您，您有这样的想法非常正常。""是的，我认为您说得对，很多顾客的想法与您的想法都是一样的。""的确，您的这个顾虑是正常的。"

当顾客提出一个想法、观点、异议、习惯的时候就是认同的最佳时机。一些常用的认同顾客的词汇有"是的、确实、您说得对，有道理"等。那么，如何认同顾客呢？一个模板："认同的词汇＋赞美＋解释"。认同的第一步便是说出认同的词汇，第二步针对顾客提出的异议等进行赞美，第三步针对顾客的异议等进行解释。

例如，顾客问："你们店里的实木门家具怎么这么少？"销售人员说："这还少吗？肯定有您想要的款式。"这样的表达并不是认同，反而暗藏着危机。如果是认同的话，可以这样说"是的，我们店的款式的确不是品牌的所有款式，一看您就是个细心的人。不过这些款式都是我们品牌的热销款，这样您先看看这些畅销的，如果不符合您的审美，我们还可以找总部调来其他款式"。

所以，好的销售人员往往是能够站在对方的立场思考问题的。因此，学会站在顾客的角度去思考，去认同顾客很重要！

07. 客户进店要采用"南风效应"消除戒备

"南风效应"又被称为"温暖法则"，源于法国作家拉·封丹写的一则寓言。在这个寓言中，北风和南风比赛，看谁能把行人身上的大衣脱掉。

北风选择了强烈的冷风，试图用严寒迫使行人脱下大衣，结果行人为了抵御寒冷，反而把大衣裹得更紧了。而南风则采取了不同的方法，它徐徐吹动，带来温暖的气息，使行人感到舒适和温暖，于是人们开始解开纽扣，最终脱下了大衣。

在销售中，南风效应是指通过温和、友好和人性化的方式与客户交流，以满足客户的需求和期望，从而促成交易。这种方式强调理解客户的内在需求，通过创造一种舒适和信任的交流环境，让客户感受到被尊重和关心，从而更容易接受销售人员的建议和产品。

销售人员越想成交越要忘掉成交。不要让客户一进门就觉得你要推销东西给他们，想要让他们从口袋里往外掏钱。真正想要达成交易，要反其道而行之。比如，不要看到客户进店就说："您想买个什么样的越野山地车？"而要说"先生，您随便看看，看有没有心仪的，买不买没关系"。或者说"您今天买不买没关系，您可以多了解一下，毕竟是一笔不小的花费，多选选，多对比总没有坏处"。

销售人员能够站在客户的角度思考问题，才能打动客户。在销售人员说服别人之前，可以想想"南风效应"，这种效应可以体现在以下四个方面。

第一，销售人员需要通过与客户建立真诚的沟通，了解他们的具体问题，销售人员可以提供更贴近客户需求的解决方案。

第二，在销售过程中，销售人员需要创造一个舒适、轻松和友好的交流环境。可以通过友好的态度、耐心的倾听和专业的解答来实现。让客户感受到被尊重和关心，有助于建立信任关系，促进交易的进行。

第三，针对每个客户的独特需求，销售人员需要提供个性化的服务。包括为客户提供定制化的产品建议、提供个性化的售后服务等。通过满足客户的个性化需求，销售人员可以建立更强的客户关系，提高客户的满意度和忠诚度。

第四，在销售过程中，销售人员需要关注客户的体验。通过不断优化销售流程、提高服务质量和解决客户问题，让客户感受到更好的购买体验。这有助于提高客户对产品和品牌的信任和好感度，促进客户的再次购买和推荐。

08. 掌握"损失敏感效应"的奇妙

"损失敏感效应"是心理学和经济学中的一个重要概念。它指的是人们在面对等量的潜在损失和潜在收益时，对损失的反应比对收益的反应更为敏感和强烈。简单来说，就是人们对损失比对获得更敏感。这种心理现象在多个领域都有所体现，包括投资决策、消费行为以及谈判过程等。

例如，一家健身房正在推出新的会员卡优惠活动。传统的销售方式是强调会员卡带来的各种好处，如无限次使用健身设施、专业教练指导、各种健身课程等。然而，为了更有效地利用"损失敏感效应"，健身房可以采取以下策略。

首先，健身房在宣传时可以强调如果不购买会员卡，客户将会面临哪些损失。例如，他们可能会说："错过这次优惠，您将失去以极低价格享受全年健身服务的机会。想象一下，如果您不加入我们的健身房，您将失去塑造健康身体、提高生活质量的机会。"

其次，健身房可以提供具体的数据和案例来支持这些观点。例如，他们可以展示过去会员的健身成果照片和故事，说明通过健身他们改善了健康状况、提高了自信心等。同时，他们也可以提供数据，显示如果不经常锻炼，人们可能会面临哪些健康风险，如心血管疾病、肥胖症等。

健身房还可以设置限时优惠或折扣活动，以创造一种紧迫感，让客户觉得如果不立即购买就会失去优惠。例如，他们可以说："这次优惠活动只持续到本周末，错过这次机会，您将支付更高的价格来享受同样的服务。"

在销售过程中，健身房的销售人员可以与客户建立信任关系，了解他们的需求和目标，并提供定制化的解决方案。通过真诚地关心客户的利益和需求，销售人员可以让客户更愿意接受建议并购买会员卡。

以上案例就是在销售中应用"损失敏感效应"达成的效果。将"损失敏感效应"应用到销售过程中，可以有效地提高销售效果和客户满意度。以下是七点具体的应用策略。

（1）强调潜在损失。在销售过程中，不要仅仅强调产品或服务的优点和收益，还要明确告诉客户如果不购买将面临的潜在损失。例如，不购买某产品会导致效率降低、成本增加或错过市场机会等。

（2）使用对比。展示购买与不购买的对比结果，让客户清晰地看到如果不采取行动将会带来的损失。这种对比可以基于事实、数据或案例研究，以增加说服力。

（3）利用客户反馈和案例。引用其他客户的成功故事或反馈，说明购买产品或服务后如何避免了潜在的损失。这些真实案例能够增强客户的信任感，并激发他们购买的欲望。

（4）提供限时优惠或折扣。营造紧迫感，让客户觉得如果不立即购买就会失去优惠或折扣，从而增加他们购买的动力。

（5）强调投资回报率。对于高价值的产品或服务，强调其长期的投资回报率。帮助客户理解购买产品或服务可以带来的长期收益，并减少他们对短期成本的敏感性。

（6）提供风险保障。若情况允许，还可以为客户提供一定的风险保障，如退款政策、试用期或保修服务等。这些保障措施可以减少客户对购买决策的担忧，增加他们的购买信心。

（7）定制解决方案。根据客户的具体需求和情况，提供定制化的解决方案。这可以让客户感受到你对他们的重视和关注，并提高他们对产品或服务的满意度。

09. "失去框架法"的心理攻势

"失去框架法"（Loss Framing）是一种营销策略或沟通技巧，它利用人们对损失的敏感性和避免损失的倾向来影响他们的决策过程。

"失去框架法"的核心思想是利用人们对损失的恐惧和厌恶心理。在销售、广告、谈判等场景中，营销者会强调如果不购买产品或服务，客户可能会面临的损失或不利后果。这种策略通过突出损失的可能性，激发客户的行动意愿，让他们做出购买或同意的决策。

做销售谈客户，有时候客户之所以选择不回复你的信息或不接受你的建议，是因为你在客户心里没有产生"失去和损失"的感受。比如："张总，您前几天花时间看的那套房子不要了是吗？（强调损失时间）""李总，您上个月选中的特惠车，不需要为您保留了对吗？（强调损失利益）"

所以，想要让客户有回应或成交，需要向客户传递损失感的信息，让客户感觉即将损失利益或时间。比如，常用的沟通技术有："某某不要了是吗？""××不考虑了是吗？""××不需要预留了对吗？"

一般销售人员会用"得到框架法"，如："张姐，我是花园小区房产销售小李，您上次看的那个带露台的房子考虑得怎么样？大概什么时候可以定下来呢？"这是得到框架法。如果改为"张姐，我是花园小区销售中心小李，上次您和我转了四五次看的那套带露台的房子，这套房子户型好，看房的人也很多，我一直给您留着，你还考虑吗？不考虑我就带别人去看房了"。

所以，"失去框架法"和"损失敏感效应"有异曲同工之妙。但需要注意的是，"失去框架法"虽然可以有效激发客户的购买意愿，但也需要谨慎使用。如果过度强调损失或夸大事实，可能会让客户感到被威胁或不舒服，从而适得其反。因此，在使用"失去框架法"时，应该根据客户的实际情况和需求，提供真实、合理的信息和建议，同时注重建立与客户的信任和关系。

10. 客户"挑刺"时可用"P—D—E"方法化解

销售人员会面对形形色色的客户，遇到"挑刺"的客户是常态，针对难搞的客户有什么好的方法呢？一般可以采用"P—D—E"的方法来化解。

销售的"P—D—E"方法是一种实用的销售策略，它帮助销售人员更有效地与客户互动，从而促成交易。这种方法主要包括三个关键步骤：探索（Probe）、演示（Demonstrate）和消除疑虑（Eliminate Doubts）。

（1）探索。在销售过程的开始阶段，探索是至关重要的。销售人员需要深入了解客户的需求、痛点和期望。通过提问和倾听，销售人员可以收集关键信息，为后续的销售演示和解决方案的提出奠定基础。这一阶段的目标是建立信任，并确保销售人员对客户的业务有充分的理解。

（2）演示。在探索阶段收集到足够的信息后，销售人员需要向客户演示产品或服务的优势。演示可以通过多种方式进行，如产品演示、案例分享、技术讲解等。关键是要确保演示内容与客户的需求和期望紧密相关，能够清晰地展示出产品或服务如何解决问题并满足客户的需求。

（3）消除疑虑。在销售过程中，客户可能会对产品、价格、服务等方面产生疑虑。销售人员需要敏锐地察觉这些疑虑，并及时采取措施进行消除。消除疑虑的方法包括提供额外的信息、解释产品的工作原理、分享其他客户的成功案例等。通过消除客户的疑虑，销售人员可以增强客户的信心，推动交易的完成。

例如，某公司（我们称其为A公司）销售一款高效的企业资源规划（ERP）系统。销售人员小张正在与一家中型制造企业（我们称其为B公司）的采购经理李先生进行接触，希望能够将A公司的ERP系统销售给B公司。小张通过与李先生的交流，了解了B公司的需求和挑战。他了解到B公司在现有资源管理系统中遇到了诸多问题，如数据不准确、流程烦琐、效率低下等。这些问题不仅影响了B公司的运营效率，还限制了其进一步的发展。在了解了B公司的需求后，小张为李先生详细演示了A公司的ERP系统，他展示了系统如何准确收集和处理数据、优化业务流程、提高运营效率等。同时，小张还提供了其他客户的使用案例和反馈，以证明A公司ERP系统的有效性和可靠性。在演示过程中，李先生对A公司ERP系统的性能和效果产生了疑虑。他担心系统过于复杂，难以在B公司内部推广使用；同时，他还担心系统的稳定性和安全性。

针对李先生的疑虑，小张采取了以下四点措施。

（1）小张重新调整了演示内容，以更加直观和简洁的方式展示了系统的主要功能和特点。他重点强调了系统易于使用和用户友好的特点，以消除李先生对系统复杂性的担忧。

（2）小张向李先生提供了更多与B公司规模相似、行业相同的客户案例。这些案例详细说明了A公司ERP系统在不同企业中的成功应用和效果，以增强李先生对系统性能和效果的信心。

（3）小张向李先生详细介绍了A公司的技术实力和保障措施。他解释了公司如何采用先进的技术和高效的工艺来确保产品的稳定性和安全性，并承诺在项目实施过程中提供全面的技术支持和服务。

（4）小张向李先生承诺了优质的售后服务。他解释了A公司如何重视客户的满意度和售后服务，并承诺在项目实施后提供持续的培训、技术支持和升级服务。

通过运用"P—D—E"方法，销售人员可以更加系统地与客户进行互动，确保销售过程既高效又有效。同时，这种方法也有助于提升客户的满意度和忠诚度，为企业的长期发展奠定基础。

需要注意的是，"P—D—E"方法并非一成不变的模式，销售人员在实际应用中应根据具体情况进行灵活调整。同时，持续学习和提高销售技巧也是至关重要的，以便更好地应对市场变化和客户需求的变化。

第三章 "种草"
——建立信任，把握客户的核心需求

01. 用"价值标签"突出自己的优势

市场上的同类产品往往多如牛毛，如何在众多的产品中凸显自己，非常考验品牌的营销宣传能力，同时也考验销售与客户建立信任的能力。当销售面对的是新客户，并没有使用过你的产品或服务，如何能够让客户接受你的推荐或成为第一次使用的客户呢？这里有一个常用的品牌传播工具，那就是"价值标签"。

"价值标签"指的是将繁复庞杂的产品信息进行浓缩，简化成一个标签向消费者进行传递。这个标签代表着一种能让消费者认知的品牌价值，是品牌功能利益和价值体系的体现。

价值标签在品牌传播中扮演着关键角色，它决定着品牌传播应该说什么、不应该说什么，以及品牌文本的创作方向。标签还代表品牌的核心价值、诉求方向以及广告的创意概念，并兼具符号化的功能，赋予品牌差异化，以便于被消费者所识别、认知、记忆。价值标签不只是一个词或一句文案，更是品牌的信仰，是与消费者进行沟通的文化母题。价值标签包含多个层面，如功能价值、情感价值和象征价值，这些价值标签共同构成品牌的独特性和吸引力。

在销售过程中，使用"价值标签"法可以帮助销售人员更精准地传达产品的核心价值，并突出相对于竞争对手的优势。通过强调这些价值标签，销售人员可以更好地与消费者建立连接，增加产品的吸引力和说服力。帮助销售人员明确、简洁地传达产品或服务的核心价值，从而突出自己相对于竞争对手的优势。以下是如何使用"价值标签"法突出销售优势的案例：

假设你是一家名为"智能办公解决方案"的公司的销售代表，你的产品是一套集成了先进技术的智能办公系统。你的目标客户是寻求提高办公效率、降低成本的中小型企业。那么，你会如何使用价值标签法呢？

第一，你需要识别并明确你的智能办公系统的核心价值，包括提高员工工作效率、降低运营成本、增强数据安全性、易于使用和维护等。

第二，制定价值标签，为每个核心价值制定一个简短、有力且易于记忆的价值标签。例如，提高效率"加速工作流程"、降低成本"智能节能，省钱省心"、数据安全"全方位数据保护"、易于使用"一键操作，轻松上手"等。

第三，突出优势，在销售过程中，通过强调价值标签来突出你的优势。你可以通过比较你的产品与竞争对手的产品来展示你的优势。例如："我们的智能办公系统能够加速工作流程，让员工更加专注于核心任务，而不是浪费在烦琐的行政工作上。与竞争对手的系统相比，我们的系统能够为您节省至少 20% 的工作时间。""我们的系统采用先进的节能技术，不仅降低了能源消耗，还减少了维护成本。与市场上其他同类产品相比，我们的系统能够为您节省至少 15% 的运营成本。"

第四，构建销售故事，将这些价值标签融入一个引人入胜的销售故事中，使客户更容易理解和接受你的产品。例如，你可以讲述一个使用你的智能办公系统后，企业效率显著提高、成本大幅降低的客户案例。

第五，反复强调，在整个销售过程中，反复强调这些价值标签和优势。无论是在初次接触、产品演示还是谈判阶段，都要确保客户对你的产品价值有清晰的认识。

优秀的销售人员看似在卖产品，实际上大部分时间都不是讲产品，优质产品很多,如何通过打造价值标签开发一个场景式的销售状态来激发消费者的购买欲望。产品的卖点是价值,营造出来的场景和场景中客户所能参与的情感和生活意义才是一个品牌或产品的真正卖点。

02. 滔滔不绝不如用数字立下"信任状"

在销售过程中,使用"数字说话"是一种非常有效的策略,因为它能够提供更具体、可量化的信息,从而增强说服力,使潜在客户更容易信任销售人员的陈述和产品或服务的价值。

销售人员如果能为客户提供大量真实准确的数据、生动的案例,与其他产品进行对比,则更能证明产品的可靠性,这样在很大程度上可打消客户的疑虑,增加客户对产品的信任度,从而提高成交率。越是滔滔不绝地讲产品质量,客户越觉得不可信,不如用数据给客户立"信任状"。

在销售行业中有这样一句话:"销售永远是一个有关数字的工作。"无论你是多么口若悬河,有时候花言巧语往往抵不上几个"数字"的力量。当你费尽口舌,以为跟客户说明了产品的所有奥秘,但是客户就是无动于衷,此时如果销售人员能使用精确的数据来说服客户,往往能事半功倍!

我们来看一个关于用数据说话方面的故事。

几年前,飞机失事事件较多,引发媒体纷纷报道。经常外出的人,可谓谈飞机色变。一次,一位旅客前往航空公司咨询相关事宜,他幽默地对售票员说:"小姐,我想乘坐飞机出行,但我担心飞机会出现事故。如果真的碰上了,这条命就没了。"

售票员说:"先生,飞机出现事故是一件非常严重的事情,这种事情太少见了。正因如此，出了一次事故便吓坏了旅客。其实，飞机的失事概率连百万分之一都不到，还没有中大奖的概率高呢，奖券每期都有中大奖的！难道每班飞机都会出事故吗？"

那位旅客若有所思地说："有道理。"

售票员见状继续说道："近年来，有关部门对飞机失事问题进行了许多调查和整治，飞机失事的概率减少了许多，飞机比过去更安全了，确切地说，其失事概率已连十亿分之一都不到。因此，乘坐飞机出行应是首选。"

售票员一席话，使乘客的不安全感一扫而空，面对客观的"数字"事实，该旅客痛快地订了机票。

该售票员说服旅客所使用的方法，就是用数字说话。她以数字为依据，一针见血地打消了旅客的顾虑。这种方法值得销售学习。

再比如，贵州茅台旗下的珍酒，就是用数字型的销售传达给客户的，被誉为"1234"歌。1代表中国白酒一号工程，2代表中国酱香白酒第二股，3代表贵州三大酱香品牌，4代表中国四大国宴白酒。这样的数字标签加上品牌影响力，对消费者很有冲击力。

数字通常被认为是客观的，因为它们不容易受到主观情感或偏见的影响。因此，使用数字来支持销售陈述可以增加信息的可信度，使潜在客户更容易相信销售人员的陈述。

数字还可以用于比较不同产品或服务的性能、价格等，从而突出销售产品或服务的竞争优势。例如，销售人员可以展示与竞争对手对比，自己的产品在性能上高出多少百分比，或者在价格上更加具有竞争力。

潜在客户在购买产品或服务时，可能会有一些疑虑或担忧。使用数字可以提供有力的证据来解答这些问题，并消除客户的疑虑。例如，销售人员可以使用客户满意度调查数据来证明自己的产品或服务是可靠的。

数字之所以能够赢得客户的信任,其魅力之一在于"直观"和"精准"。数字是最简单的文字,天生自带记忆属性,将一些冗长的文字用数字思维代替,能提高销售的说服力。

所以,优秀的销售人员要知道数字的力量,尽量不要说一些无关紧要的啰唆话,而是要多用数据说话,追求更加直观和精准的效果。

03. "价格区间报价法"激起客户欲望

销售人员经常遇到的问题便是报价,客户最喜欢做的事情也往往是询问价格。这其中有很大的学问。如果直接报价容易因为高价把客户吓跑,但不报价又会让客户觉得你在躲避问题。这个时候,"价格区间报价法"就显示出了优势。

"价格区间报价法"可以应用于各种行业,包括零售、批发、服务等。在零售行业,商家可能会为同一款产品提供不同规格、颜色或配置的选项,并为每个选项设定不同的价格区间。在批发行业,"价格区间报价法"可以帮助商家根据采购量和合同条款为客户提供更具竞争力的价格。"价格区间报价法"的优点在于其灵活性。商家可以根据市场变化和客户需求调整价格区间,以吸引更多潜在客户并增加销售额。然而,这种方法也可能带来挑战,如价格管理复杂性和客户对价格透明度的需求等。

"价格区间报价法"的例子可以在多个行业中找到。

假设一家电子产品销售商销售一款新型智能手机。这款手机有不同的存储容量选项(如64GB、128GB、256GB),每个选项的成本和市场需求都不同。销售商可以采用"价格区间报价法",为64GB的版本设定一个较低的价格，如 1999 元；为 128GB 的版本设定一个稍高的价格，如 2399 元；为 256GB 的版本设定一个更高的价格，如 2799 元。这样一来，消费者可以根据自己的需求和预算选择适合的版本。

在定制家具行业，"价格区间报价法"也很常见。例如，一家定制衣柜的公司会提供不同材质、尺寸和配件的选项。对于基础款衣柜，价格可能从 3000 元起步；如果选择更高档的木材、更大的尺寸或更多的配件，价格可能会上升到 5000 元或更高。这种报价方式允许客户根据自己的喜好和预算进行选择。

在酒店业，"价格区间报价法"通常体现在不同房型和住宿条件上。例如，一家酒店可能提供经济房、标准房、豪华房和套房等多种房型。每种房型的价格都会有所不同，以反映房间大小、设施、位置等因素的差异。客户可以根据自己的需求和预算选择适合的房型。

在咨询服务行业，"价格区间报价法"可能基于项目的复杂性、所需时间和资源等因素。例如，一家咨询公司可为客户提供市场调研、战略规划、员工培训等多种服务。对于不同的服务项目，咨询公司会设定不同的价格区间，以反映项目的复杂性和所需资源的差异。客户可以根据自己的需求和预算选择适合的服务项目。

这些例子说明了"价格区间报价法"在不同行业中的应用，它允许商家根据产品或服务的不同特点和客户需求设定灵活的价格策略。

销售人员面对客户当场提出的询问价格时，也可以采用"价格区间报价法"来进行，既不让客户被高价吓退，也不会因为报得太低而让客户怀疑产品和服务质量。

例如，客户问："参加你们这次展会最低多少钱？"不能直接说"价格一定会让您满意，你可以过来聊聊"。这样的回答在客户看来就是一句空话。正确的回应方式是"先生，我们办的展会有多种服务套餐，低的不到一万元，高的十多万元，您可以过来具体聊一下，也看看展会的具体位置，现场还有很多礼品赠送和抽奖"。这样说往往能够激起客户进一步了解的欲望。

当客户问你这个产品多少钱的时候不要急着说价格。这时候可以先夸一下客户的眼光不错，再告诉对方产品价格在5000~30000元不等，以便让客户根据实际需求和经济承受能力来选择。

报价不单纯是数字游戏，而是更复杂的心理游戏。在选择价格区间报价前，最好先了解客户的需求，这样更容易成交。

04. 遇到客户说"随便看看"怎么办

实体店的销售人员经常会遇到客户说"我随便看看"这样的诉求。不知道该如何应对，不做回应怕客户认为冷漠，回应得太过积极又怕给客户造成压力。如果应对得不合适，还会加速客户离开的脚步。那么，怎么做才是正确的呢？

想要知道怎么做正确，先要搞明白什么是错误的应对，常见的情况是，当客户提出"我随便看看"时，第一种是"好的，那您随便看吧"，之后置之不理。第二种是我行我素地继续说下去，围着客户看。这两种都不对，前一种会让顾客因为受到冷落，为了避免尴尬他们会选择快速离去。后一种会让顾客觉得厌烦想要逃之而后快。

顾客选择"随便看看"往往是对店面的商品有一定的好感，但又没有明确的购物目标。当被问及想买什么的时候，只能以随便看看为理由回应。还有一种是客户有明确的购物目标，但还没有找到十分中意和理想的产品，或者在其他地方看到过类似产品，想进一步做个对比。

知道了顾客说"我随便看看"的心理，就要有正确的应对思路。

第一，允许客户有选择权，给予客户独立的空间。要尊重客户的意愿，不要强迫他们立即做出决定或购买。保持微笑，用友好的语气回应，让客户感到舒适和放松。如果客户表示只是想随便看看，那么给他们足够的空间和时间来浏览产品或服务。不要过于急切地推销，而是让客户自己探索并发现他们可能感兴趣的东西。

第二，给客户的空间不等于完全疏远顾客，要有合适的空间距离，可以随时观察和倾听客户的需要。在客户浏览的过程中，销售人员可以观察他们的行为和反应，倾听他们的交谈。这些线索有助于了解客户的需求和兴趣点，为后续的交流打下基础。

第三，保持能够适时介入的销售时机。当客户表现出对某个产品或服务特别感兴趣时，销售人员可以适时介入，提供详细的信息和解答疑问。通过专业的知识和热情的服务，帮助客户更好地了解产品或服务的特点和优势。

在介入环节，可以采用这样的沟通语言："您真的很有眼光，这款是我们这里最爆的产品呢，昨天有好多人都尝试过……""您也喜欢这个，我自己也常用这款，感觉特别……""您多挑挑，买东西是这样的，一定多了解、多比较。可以先了解一下我们的品牌和产品。您平时都用什么产品？""没关系，现在买不买不要紧，买东西肯定要货比三家，先试一试再说，您是想看××还是想看××？"

第四，提供建议。如果销售人员观察到客户在浏览过程中有些迷茫或不确定，可以主动提供建议或指导。例如，可以根据客户的需求和预算，推荐适合的产品或服务，或者可以围绕功利性不强的话题去与客户进行沟通，不要急于推销。如果客户驻足在一个地方停下来了，这个时候销售的机会就来了，可以开始跟客户展开话题聊一聊。这些话题可以是客人的穿搭上、客人的发型上，甚至是客人身上的一个小配饰，都可以变成展开的话题和聊的内容。这个时候，寒暄的时间要控制在 3~5 分钟，这样话题就打开了。

总之，销售就是会聊天，无论客户说什么，只要抱着同理心和换位思考的能力，想想自己如果是顾客希望销售人员怎么对待自己，你作为销售人员就要怎么对待顾客，往往能把销售这份工作干得出色。

05. 开放性提问与封闭式提问

在销售过程中，提问是一项至关重要的技巧，它有助于销售人员更好地了解客户的需求、建立信任关系并推动销售进程。尤其在挖需求环节，需要大量的提问来进行。销售小白一般会觉得问开放式的问题很难，大多习惯用封闭式的提问。

那么，开放式提问和封闭式提问有什么不同呢？

比如，想跟客户聊兴趣爱好，一些销售很容易习惯问："您一定非常喜欢运动吧？"然后客户很容易用"不是"或"不怎么喜欢"就把问题给堵死了。这种提问就属于一种封闭式的提问。想要让客户能够继续话题，或者不把聊天聊死，可以换成："您平时都喜欢做些什么呢？"这样的问题客户的回答才能被展开，客户可能会说自己喜欢看书、爬山、骑行或单纯地待着等。再比如，销售人员如果看到级别很高的客户，如老总级别的想要夸赞对方，并且让客户回顾自己过往的辉煌历史然后打开话匣子，就会习惯性地问"您之前是不是特别拼啊"，然后客户特别容易脱口而出"不是，还行"。如果换成开放式的提问，则会换成："您是怎么达到今天这样的一个高度？""您是怎么做到行业这么高地位的？这样的提问，不但赞扬了客户，也让客户去思考怎么回答这个点而不是局限在单纯的答案"是"或"不是"。再比如，面对上门的客户，有些销售人员习惯直接问"您今天是不是想解决一些问题呢？"这又是一个封闭式的问题，而且带有冒犯客户的意味。如果换成开放式的提问，就应该这样说："在这些方面，我们现在都面临哪些困扰呢？"客户一听，就变成关切和关心了。

由上面我们简单的举例可以看出，开放式提问和封闭式提问产生的效果是不同的。当然，不是说所有的开放式提问都好，封闭式提问不好。它们在应用中各有特点。

开放性提问是指比较概括、广泛、范围较大的问题，对回答的内容限制不严格，给对方以充分自由发挥的余地。这类问题通常不能简单地用"是"或"不"来回答，而是需要客户运用叙述、说明、论述式语言来阐明问题。

在销售过程中，开放性提问具有以下优点。

通过开放性提问，销售人员可以引导客户详细阐述自己的需求、期望和关注点，从而更准确地把握客户的真实需求。

开放性提问可以让客户感受到销售人员的真诚和关心，从而建立信任关系。当客户感受到被尊重和理解时，他们更愿意与销售人员分享自己的需求和想法。

开放性提问通常具有一定的启发性，能够激发客户的思考和兴趣，使他们在与销售人员的交流中获得更多有价值的信息。

然而，开放性提问也存在一定的局限性。由于这类问题通常需要客户花费较多的时间和精力来回答，因此在时间紧迫或客户较为忙碌的情况下不太适用。此外，如果销售人员对客户的回答缺乏足够的引导和分析能力，就可能会导致信息过于庞杂，难以把握重点。

封闭式提问是指具有明确指向、可以限定沟通内容、需要客户明确作答的问题。这类问题通常可以用"是"或"不"等简单的答案来回答。

在销售过程中，封闭式提问具有以下优点。

封闭式提问可以确保销售人员从客户那里获得明确、具体的信息，有助于快速了解客户的态度和需求。

通过封闭式提问，销售人员可以引导话题的方向，确保讨论的内容与销售目标紧密相关。

由于封闭式问题通常具有较短的回答时间，因此在时间紧迫的情况下更为适用。

当然，封闭式提问也存在一定的局限性。这类问题可能会给客户带来压迫感，影响客户的交流意愿。此外，如果销售人员过于依赖封闭式提问，就可能会限制客户的思考和表达，导致错失深入了解客户的机会。

当销售人员与客户交流时，他们可以通过结合开放性提问和封闭式提问来更好地了解客户需求和推动销售进程。以下是一个例子。

销售人员（小李）与客户（张先生）的对话：

小李：张先生，非常感谢您今天能抽出时间与我交流。我想了解一下您目前对我们产品的使用情况如何？（开放性提问）

张先生：嗯，我们正在使用你们的产品，但有些地方我觉得还可以改进。

小李：非常感谢您的反馈。您能具体告诉我哪些方面您觉得可以改进的吗？（开放性提问）

张先生：我觉得产品的界面设计复杂，不够直观，导致我们的员工在使用时经常需要花费额外的时间去熟悉和操作。

小李：明白了，界面设计的问题确实会影响到用户的操作体验。除了

界面设计，您还有其他方面的反馈吗？（开放性提问）

张先生：还有就是产品的稳定性，我们最近在使用过程中遇到了卡顿和崩溃的情况。

小李：好的，我会将您的问题记录下来并尽快反馈给我们的产品团队。另外，我想确认一下，您对我们产品的性能是否满意？（封闭式提问）

张先生：性能方面还好，能满足我们的基本需求。

小李：那您在购买我们的产品时，主要考虑的是哪些因素呢？（开放性提问）

张先生：主要是价格和性价比。我们觉得你们的产品价格比较合理，性能也还可以接受。

小李：非常感谢您的认可。那么，您是否有意向升级我们的产品版本或者购买更多的服务呢？（封闭式提问）

张先生：这个我们还在考虑中，需要评估一下成本和收益。

小李：当然，我理解您的考虑。如果您有任何疑问或者需要更多的信息，请随时告诉我。同时，我们也会继续优化产品，提升用户体验和性能。（开放性结尾，留给客户思考的空间）

通过结合开放性提问和封闭式提问，小李不仅了解到了客户对产品的反馈和需求，还明确了客户在购买产品时的主要考虑因素，为后续的销售工作提供了有价值的参考。同时，小李也展现出了专业性和对客户需求的关注，有助于建立信任关系并推动销售进程。

06. 通过"5W1H"提问法找到客户的真实需求

在销售人员提问中,"5W1H"法是一种非常实用的方法,它可以帮助销售人员更全面、系统地了解客户的需求和情况,从而更精准地推销产品或服务。多问到一个答案,就多掌握一个信息,多掌握一个信息,就可以多一种对策。以礼服馆销售为例,可以这样提问:您喜欢什么款式的婚纱呢?为什么喜欢这种款式的婚纱呢?平时都喜欢和谁一起逛街呢?这种提问方式的优点是可以让客户通过阐述自己的观点,使销售人员获取更多的信息,以便推荐合适客户所需要的婚纱或礼服。"5W1H"提问法具体是指:

Who(谁买):在销售过程中,要明确目标客户是谁。你可以通过提问来了解客户的基本信息,如公司名称、行业背景、个人职位等。这些问题有助于你建立与客户的初步联系,并为后续的销售沟通打下基础。

What(买什么):了解客户的具体需求是关键。你可以通过提问来明确客户需要的产品或服务类型、数量、规格等。同时,也可以询问客户对产品或服务的期望和要求,以便更好地满足客户的需求。

When(何时买):在销售中,了解客户的购买计划和时间安排也是非常重要的。你可以询问客户是否有具体的购买时间表,以及是否需要考虑产品交付时间等因素。这些问题有助于你更好地安排销售计划和跟进工作。

Where(何地):了解客户的使用场景和地点也是很有必要的。你可以询问客户的产品使用地点、环境要求等,以便为客户提供更合适的产品或服务。同时，也可以了解客户所在地的市场情况和竞争态势，为销售策略的制定提供参考。

Why（为什么）：了解客户购买产品或服务的动机和原因是非常关键的。你可以通过提问来探究客户的真实需求、痛点以及期望解决的问题。这些问题有助于你更深入地了解客户，并为客户提供更有针对性的解决方案。

How（如何）：在销售过程中，了解客户如何购买、使用产品或服务也是非常重要的。你可以询问客户的购买流程、支付方式、售后服务需求等，以便为客户提供更便捷、高效的购买体验。同时，也可以了解客户对产品或服务的评价和建议，以便不断改进和优化产品或服务。

通过运用"5W1H"法进行提问，销售人员可以更全面、系统地了解客户的需求和情况，从而更精准地推销产品或服务。这种方法不仅可以提高销售效率和质量，还可以提高客户信任和满意度，促进销售业绩的提升。

例如，What 买什么？（你想选什么风格的衣柜？）

Why 为什么买？（为什么想选中式的呢？）

Who 买给谁？（准备买给谁用呢？）

When 何时要？（想什么时候装好呢？）

Where 在哪儿？（产品送到哪个地方？）

How 如何知？（您是怎么了解到我们的呢？）

客户买什么？为什么买？买给谁？何时要？发货到哪儿？怎么了解到我们的？每个问题都很重要，如问客户想选什么款式、什么风格的产品，可以缩小产品的推荐范围；问客户为什么选这种风格或款式，可以探明客户的购买动机；问客户买给谁，了解谁是决策者，谁是使用者，可以让你推荐更有针对性的产品，更能打动客户，如果客户是帮朋友买，那么你就需要针对朋友的需求来推荐；问客户何时要，可以进一步摸清客户的需求程度，如果客户要得很急，那么你快速响应的服务将是客户重点考虑的一个点。

以下是"5W1H"提问法的具体案例。

一名销售经理，负责销售一家公司的企业资源规划（ERP）系统。正在与一个潜在客户进行初步的销售会议，以了解他们的需求并推销你的产品。

应用"5W1H"提问法进行提问：

Who（谁）：请问贵公司的名称是？您在公司中担任什么职位？您负责哪些业务或部门的运营？

What（什么）：贵公司目前是否使用着哪家企业资源管理系统？您对现有的系统有哪些不满意的地方或需要改进的功能？您对新的 ERP 系统有哪些期望或具体需求？

When（何时）：贵公司计划何时开始实施新的 ERP 系统？您是否有具体的项目时间表？贵公司是否有特定的预算或资金安排用于此次采购？

Where（何地）：贵公司的总部位于哪里？是否有分支机构或办事处？贵公司的业务覆盖哪些地区或国家？您是否考虑将新的 ERP 系统部署在云端还是本地服务器？

Why（为什么）：贵公司为什么考虑更换或升级现有的企业资源管理系统？您认为新的 ERP 系统将如何帮助贵公司提高效率、降低成本或增加收入？是否有特定的业务挑战或市场机会，使得贵公司需要引入新的 ERP 系统？

How（如何）：贵公司如何评估不同的 ERP 系统供应商和产品？您对实施新的 ERP 系统有哪些担忧或顾虑？您希望我们提供哪些支持或服务，以确保项目的成功实施和后期运营？

通过应用"5W1H"提问法进行提问，销售可以更全面地了解客户的需求和情况，为后续的产品演示、方案定制和商务谈判打下坚实的基础。同时，这种方法也有助于销售更好地把握销售机会，提高销售效率和客户满意度。

07. 看到客户"痛点"不能立刻"配药"

客户从见面到对产品钟情，这个过程就是挖掘客户痛点和痒点的过程。如同医生诊脉，是为了真正找到"病因"的过程。当发现客户的真实需求以后，很多没有耐心的销售人员会立刻向客户推荐产品和解决方案，但多数并不奏效，客户会因为不满意价格或其他因素而放弃购买。不用说卖产品，即使是医生给患者开药，找到了病症所在，如果没有与患者沟通好，让患者意识到问题或给他们带去治愈的希望，有的患者也会止步于高昂的医价或治疗费用前面。

比如，有一个糖尿病患者，总是不能坚持服药。主治医生为了说服患者坚持按时服药，使用了一定的沟通技巧。患者向医生抱怨："控制血糖花费太高，我都这岁数了还怕啥！只要少吃米饭面食，我不打算吃药和注射了。"医生说："糖尿病属于慢性病，而且全球目前都没有彻底治愈糖尿病的药，只有严格控制血糖才能提高生存质量，如果不吃药控制，会产生并发症，如肾炎、心脏病、高血压脑中风等。不吃药控制目前是可以省点钱，怕就怕严重了要卧床，不但要多花钱，自己更遭罪，又要连累子女照顾。"听了医生的话，患者乖乖地遵照医嘱吃药了……

所以，销售人员在探究到客户的"痛点"后不能立即"配药"。挖到客户痛点后不要立刻推荐产品是一个非常重要的销售策略。当客户表达了对当前状况的不满或提出了问题,这确实是一个了解他们需求和痛点的关键时刻,但立即推荐产品可能会让客户感到被推销,从而降低他们的购买意愿。

一般发现客户的痛点后,应该如下这样做。

(1)在客户提到痛点后,不要急于回应,而是继续提问,深化对问题的理解。这样可以帮助你更准确地把握客户的需求,并为后续的推荐做好准备。

(2)表达对客户痛点的理解,让他们感受到你真正关心他们的问题。这样可以建立信任,使客户更愿意听取你的建议。

(3)不要直接推荐产品,而是先提供一个针对客户痛点的解决方案。这个方案可以是一个概念、一个思路或一个方法,而不只是你的产品。这样可以让客户感受到你是在为他们着想,而不只是想卖产品。

(4)在客户对解决方案表示兴趣后,再展示你的产品是如何匹配这个解决方案的。强调产品的特点、优势和如何具体解决客户的问题。

(5)如果可能的话,提供成功案例或客户反馈,证明你的产品确实能够帮助他们解决类似的问题。可以增强客户的信心,并降低他们的购买风险。

某"智能办公"科技公司,销售代表李明正在与一家大型企业的人力资源部经理王经理进行交流。王经理提到,他们公司目前在员工考勤和工时管理上存在很大的痛点,如数据不准确、处理效率低下,以及员工对于考勤制度的满意度低等问题。面对这些痛点,李明并没有立即推荐"智能办公"的考勤管理系统,而是采取了以下策略。

李明仔细询问了王经理关于考勤管理现状的具体问题,包括他们目前使用的考勤方式、遇到的问题以及期望的改进方向等。通过深入了解,李明对王经理的痛点有了更清晰的认识。李明没有直接推销产品,而是分享了一些关于考勤管理行业的最新动态和趋势。他提到，随着科技的进步，越来越多的企业开始采用智能考勤系统来提高管理效率和员工满意度。在分享行业洞察的同时，李明也引导王经理思考如何通过引入新的管理工具来解决当前的痛点。他询问王经理是否考虑采用更先进的考勤系统，以及这样的系统可能带来的好处。

在王经理对智能考勤系统表示出一定兴趣后，李明才开始介绍"智能办公"的考勤管理系统。他详细说明了该系统如何准确记录员工考勤数据、提高处理效率，并通过定制化设置来满足不同企业的需求。为了进一步提升王经理的信任度，李明提出可以为他们公司提供一段时间的免费试用机会。这样一来，王经理和他的团队可以亲身体验到系统的实际效果，从而做出更明智的决策。

通过这个案例可以看出，当客户有了痛点时，销售不立刻推荐产品，而是先深入了解问题、提供行业洞察和引导思考的方式，可以更有效地建立信任并推动销售进程。这种方式不仅可以让客户感受到销售人员的专业和真诚，还可以让他们更加放心地选择产品和解决方案。

总之，销售是一个过程，不要期望一次见面或沟通就能解决问题。即使你找到了客户的痛点并提供了解决方案，他们也需要时间考虑和评估。保持耐心，并为客户提供持续的支持和服务才是明智之举。

08. 真诚永远是打开客户心门的万能钥匙

真诚是指真心实意、坦诚相待，以从心里感动他人而最终获得他人的信任。真诚在销售、人际交往以及个人品质中都具有重要的价值。

在销售中，真诚意味着销售人员要真心实意地关注客户的需求，坦诚地介绍产品的优点和不足，而不是夸大其词或隐瞒真相。这种态度能够建立信任，使客户更愿意与销售人员交流，从而增加销售成功的机会。

当销售人员以真诚的态度对待客户时，客户能够感受到诚意，从而更愿意与销售人员建立联系和沟通。在销售过程中，有效的沟通是至关重要的。销售人员需要向客户清晰地传达产品的特点、优势以及如何解决客户的问题。而真诚的态度能够让销售人员更加自信地表达自己的观点，也能够激发客户的兴趣，促进双方之间的深入交流。当销售人员以真诚的态度对待客户时，客户能够感受到他们的专业和专注，从而更加尊重销售人员的建议。这种尊重不仅能够让销售人员在客户心中树立良好的形象，还能够让客户更加信任销售人员的产品和服务，最终达成交易。

例如，小杨是一家家具店的销售代表，他一直以来都是以真诚的服务赢得了客户的好评。有一天，一位中年妇女李女士走进了他的店铺，她看上去有些犹豫，似乎在寻找什么。

小杨立刻迎上前去，微笑着询问李女士的需求。李女士表示，她正在为家里的新房子挑选家具，但由于预算有限，她希望能够找到性价比较高的产品。

小杨认真倾听了李女士的需求后，并没有急于推荐店里的高价产品，而是耐心地为她介绍了几款性价比较高的家具。他详细地解释了这些家具的材质、工艺和价格，让李女士能够清楚地了解产品的特点。

在介绍的过程中，小杨还主动询问了李女士的家居风格和喜好，以便为她提供更具个性化的建议。他的真诚和细心让李女士感到非常温暖和舒适。

最终，李女士在小杨的帮助下选到了满意的家具。在结账时，小杨还特意为她申请了优惠和赠品，让李女士感到更加惊喜和满意。

这个案例展示了小杨是如何通过真诚的服务打动客户的心。他没有因为追求利润而推荐高价产品，而是真正关心客户的需求和利益，为他们提供有价值的建议和服务。这种真诚的态度不仅赢得了客户的信任和尊重，还为他带来了更多的销售机会和口碑传播。

如果说销售是有套路的，那么"真诚"就是最大的套路。优秀的销售知道如何用真诚与客户沟通获得信任。常用的沟通术语如下。

"我虽然是销售，但我同时也是消费者，您的想法我都懂。所以我会尽量让您花最少的钱，得到最好的产品，达到最好的效果。"

"谁家的钱都是真金白银，都是付出辛苦赚来的，所以要精打细算。我能做的就是，让您选到心仪的产品，解决想解决的问题，再帮您节省没必要多花的钱。"

"您的真实需求最重要，如果没有了解您的需求就直接向您推荐贵的产品，我的确是赚钱，但这一定不是让人心安的良心钱。所以我尽可能了解您的想法，再向您推荐产品。"

"您对我们这个行业不了解、不熟悉很正常，术业有专攻，隔行如隔山。可能您最后不一定选择我，但我的专业一定会让您知道怎么选，才能选到最好的产品。"

所以，想要打动客户，必须以"真诚"为基础，真诚待人尤为重要。一个真诚的销售人员，能温暖人心，感化顾客，即使面对最难沟通的客户也会大有收获。真诚没有多么高深，只要发自内心地关心客户，设身处地地为客户着想，不敷衍不作秀，不夸大不扯淡，以一颗真心去打动客户的真心，往往效果更好。

09. 对所卖的东西深入了解，不做表面文章

销售人员需要对所卖的东西有深入的了解。对产品的深入了解是销售成功的关键之一，因为只有当销售人员对产品的功能、特点、优势以及适用场景有充分的了解时，他们才能有效地向客户传递产品的价值，并解答客户可能提出的问题。

如果你想要成功地销售产品和服务，就必须先确定产品的卖点。日复一日，人们都在积极努力地将自己的产品销售出去，但他们当中许多人都没有成功，因为他们销售的是自己不甚了解的东西。

作为一名销售人员，了解自己所销售的产品是一项必备的素质。只有充分了解了产品，我们才能清晰明了、准确无误地向客户介绍说明；只有保证客户听懂我们的介绍，成交才有可能实现。

销售高手之所以能够在市场上脱颖而出，取得卓越的业绩，其中一个重要的原因就是他们不仅了解自己所销售的产品，还深入了解公司、行业和整个产业链。

销售高手对产品的了解不仅停留在表面功能和技术规格上，他们还深入了解产品的核心价值、使用场景、竞争优势以及潜在的局限性。他们会亲自使用产品，以便更好地理解产品的实际表现和客户体验。这种亲身体验使得他们能够更好地回答客户的问题，并提供有针对性的解决方案。销售高手还会关注产品的生命周期，包括新产品开发、现有产品的改进以及产品的退出策略。他们了解公司的产品线规划，并能够为客户提供关于未

来产品发展的信息。

他们了解行业的政策和法规要求，确保公司在遵守相关规定的前提下开展业务。这种合规性不仅有助于维护公司的声誉，还能为公司赢得更多客户的信任。他们关注行业内的创新趋势和技术发展，以便为客户提供更先进、更高效的解决方案。

销售高手了解整个产业链的结构和运作方式，包括上游供应商、中游生产商以及下游分销商和最终客户等各个环节。这种全面的了解有助于他们更好地协调各个环节的资源，为客户提供更优质的服务。他们关注产业链中的竞争格局和合作机会，以便为公司寻找潜在的合作伙伴和供应链优化方案。

那么，怎样做才能对自己所销售的产品有深入的了解而不只是做表面功夫呢？可以通过以下四个方面进行提升。

（1）定期进行产品知识培训。任何一个销售高手无不是从销售小白做起来的。所以，销售人员应接受定期的产品知识培训，确保他们了解产品的所有细节、功能、用途以及与其他竞争产品的区别。培训应涵盖产品的技术规格、使用方法、维护要求等方面，使销售人员能够为客户提供专业的解答和建议。

（2）鼓励销售人员对产品和服务进行亲自使用和实践体验，以便他们亲身体验产品的优势和功能。通过实践，销售人员可以更好地理解产品的使用场景和客户需求，从而更准确地为客户提供推荐。

（3）收集客户的反馈意见，了解客户对产品的评价和使用体验。通过分析客户反馈，销售人员可以发现产品的优点和不足，从而在产品介绍中更准确地传达产品的价值。

（4）持续学习与更新。随着市场和技术的不断发展，产品也在不断更新换代。销售人员应保持对新产品的关注和学习，确保自己的产品知识始终保持在最新状态。销售人员还应关注行业动态和竞争对手的产品信息，以便在销售过程中能够更准确地把握市场趋势和客户需求。

当然，深入了解产品只是第一步，销售人员还要具备良好的沟通技巧，以便能够清晰、准确地向客户传达产品的价值。通过有效的沟通技巧，销售人员可以引导客户关注产品的关键优势，解决客户的疑虑和顾虑，从而提高销售成功率。

10. 打造"吃里爬外"的销售人设

"吃里爬外"这个词通常带有贬义，它指的是接受某一方面的好处，却为另一方面服务或谋取利益，表现为不忠诚、自私或背叛。那如果销售人员给客户的感觉或自己打造的人设就是一种"吃里爬外"的人设，反而是销售的智慧。

有些销售小白，总是习惯性地站在客户的对立面，时刻维护公司的形象，帮公司争取利润，殊不知，这样往往会让客户觉得不舒服。销售的"吃里爬外"是指销售人员与客户建立紧密的关系，以至在某种程度上与客户"统一战线"。虽然这种说法在字面上可能带有一些误解，但在销售实践中，与客户建立深厚的信任关系并理解他们的需求，确实是销售成功的关键之一。例如，当客户说"你们家的东西太贵了"，不要第一时间说"我们家的东西好，一点儿也不贵"。而是要跟客户的想法一致说"您说得对，我们家的东西的确是不便宜"，先跟客户统一战线，再说什么客户才能听进去。

关于销售人员与客户达成"统一战线"，有一个值得学习的案例。

曼哈顿咖啡馆是一家在纽约市中心非常受欢迎的咖啡馆。为了提高客户的忠诚度和店内的销售额，曼哈顿咖啡馆引入了会员计划。这个会员计划不仅仅是一个简单的积分或折扣系统，它更多的是一个与客户建立深厚联系和"统一战线"的策略。

在推出会员计划之前，曼哈顿咖啡馆通过市场调研和与客户的直接沟通，深入了解了客户的需求和期望。他们发现，客户不仅希望享受到高质量的咖啡，还希望有一种被特别关注和照顾的体验。

基于这些深入了解，曼哈顿咖啡馆设计了个性化的会员服务。会员们可以享受到一系列特权，如每月一杯免费咖啡、打折优惠、生日礼品等。此外，咖啡馆还不定期地举办会员专场活动，让会员们感受到被特别关注和照顾的体验。通过提供卓越的产品和服务，曼哈顿咖啡馆成功地与会员们建立了深厚的信任关系。会员们不仅持续光顾咖啡馆，还向他们的朋友和家人推荐曼哈顿咖啡馆，从而帮助咖啡馆扩大了品牌影响力。

曼哈顿咖啡馆非常重视客户的反馈。他们通过会员调查、社交媒体互动等方式收集客户的意见和建议，并根据这些反馈不断地改进产品和服务。这种持续改进的态度让会员们感到他们的意见被重视，从而进一步增强了他们对咖啡馆的信任和忠诚度。

销售人员和客户"统一战线"的策略不仅仅是提供高质量的产品或服务，更重要的是通过深入了解客户需求、提供个性化服务、建立信任以及持续改进来与客户建立深厚的联系。这种联系不仅有助于提高客户忠诚度，还有助于提高销售额和扩大品牌影响力。

第四章 "撩人"
——应用话术，展示技巧与策略

01. 赞美要用"刺猬法则"，恰到好处才是高手

"刺猬法则"是一种比喻，它源于一个生物学实验，描述了刺猬在寒冷的天气中为了取暖而相互靠近，但又因为彼此身上的刺而不得不保持一定距离的现象。这个法则被引申为人际交往中的"心理距离效应"，强调人与人之间应当保持适当的距离。

具体来说，刺猬法则强调在人际交往中，人们既需要相互依赖和联系，又需要保持一定的独立性和空间。如果人与人之间的距离过近，可能会导致彼此之间的摩擦和冲突；而如果距离过远，则可能会感到孤独和冷漠。因此，找到一个合适的距离，既能够相互取暖，又不至于被彼此刺伤，是人际交往中需要追求的目标。

"刺猬法则"强调的是人际交往中的"心理距离效应"，即人与人之间需要保持适当的距离。将这种法则应用到赞美中，可以理解为在赞美他人时，也需要保持一定的"心理距离"，既要真诚地表达赞美，又要避免过于亲近或过于疏离的言辞。

赞美是一种力量，也是一种能力，被誉为在销售中的终极利器。赞美别人，不单单是花言巧语、甜言蜜语，重要的是根据对方的文化修养、个性性格、心理需求、所处背景、角色关系、语言习惯，乃至职业特点、性别年龄、个人经历等不同因素，恰如其分地表扬或称赞对方。

很多人以为赞美＝夸奖，而且不顾场合、身份使劲夸，事实上这是一个误区，在销售中使用赞美要多方面考虑，什么样的赞美才会让人觉得

第四章 "撩人"——应用话术，展示技巧与策略

"高级"和"受用"呢？

首先，要避开赞美的坑，也就是说赞美之言也是有大忌的。比如，"真好看、真漂亮、真帅、身材真好、真棒、真好吃……"这些表面和浮夸的赞美之词，让对方听了会感觉不真诚，不真诚的赞美相当于讽刺和挖苦，不但对销售无益，反而有害。

其次，作为销售人员，更不能直接赞美，那样不但不真实，还会显得浮夸。要在具体沟通的情景里适时地赞美几句，就会显得更加真诚。例如，听到客户是教师，可以说"老师们认知高，自身审美又高，怪不得您眼光这么好"。再比如，销售人员问顾客住在哪里，当对方告诉住在××小区的时候，应该由衷地说一声："哇！您住的那个小区属于高档小区，物业管理很不错。哥，您这么年轻就住上××小区，您真是年轻有为啊！"从侧面赞美了对方的身份，别人就会受用，从而实现一问一答一赞美。所以，当顾客透露信息给我们的时候，就是赞美他们的最好时机。

总之，赞美既要真诚又不能浮夸，要注意以下三个关键点。

（1）在赞美他人时，应该真诚地表达欣赏和尊重，避免夸大其词或虚假恭维。同时，赞美的程度应该适中，不要过于热情或冷淡，以免给对方造成不适或误解。

（2）在赞美他人的同时，也要尊重对方的独立性和个性。不要试图通过赞美来操纵或控制对方，而是应该鼓励对方保持自己的独特性和创造力。

（3）赞美的时机和方式也很重要。在适当的场合和时间，以恰当的方式表达赞美，可以让对方感到愉悦和受到尊重。但是，如果赞美的方式或时机不当，反而会让对方感到尴尬或不舒服。

02. "D—M—I" 自我披露法与客户站在同一立场

销售的自我披露法是指在销售过程中，销售人员适当地透露自己的真实感受、想法、经历等，以增强与客户的亲近感和信任感，从而促进销售的成功。这种方法有助于销售人员与客户建立更深层次的联系，让客户感受到销售人员的真诚和关心，进而增加客户对销售人员和产品的信任度。此外，自我披露法还可以帮助销售人员更好地了解客户需求，提供更具针对性的服务和产品推荐。

在自我披露中，常用的话术结构通常应用"D—M—I"法则，分别代表"需求（Demand）—匹配（Matching）—利益（Interest）"三个步骤。然而，将其与"自我披露法"以及"与客户站在同一立场"的概念结合，我们可以这样理解。

首先，自我披露法是一种在沟通中表达自我、展示个人观点和感受的方法。在销售或客户服务中，适度的自我披露可以增强信任，让客户感受到你的真诚和关心。

其次，与客户站在同一立场意味着你需要从客户的角度出发，理解他们的需求和问题，并努力为他们提供解决方案。这需要你具备同理心和共情能力，能够深入客户的内心，理解他们的真实感受。

最后，你需要分析客户选择你的产品或服务后能够获得的利益。这包括直接的经济利益、时间节省、便利性等，也包括间接的利益，如提高生活质量、改善人际关系等。在这一过程中，你需要站在客户的立场上思考，让他们感受到你的产品或服务能够为他们带来真正的价值。

一名销售人员正在与一家初创公司（我们称之为 A 公司）的 CEO 讨论他们的云计算服务需求。

首先，销售人员需要通过提问和倾听来识别 A 公司的需求。可以这样开始对话："张总，非常感谢您抽出时间与我交流。我了解到 A 公司正在快速发展，业务规模不断扩大。在这个过程中，您是否遇到过 IT 资源管理方面的挑战？比如，服务器扩展困难、维护成本高、数据安全性问题等。"在听取张总的回答后，可以进一步澄清和确认他们的需求，确保理解得准确。

其次，需要将 A 公司的需求与你的云计算服务进行匹配。可以这样说："张总，我非常理解您所面临的挑战。事实上，我们公司的云计算服务正是为了解决这些问题而设计的。我们的服务可以快速扩展服务器资源，降低维护成本，并提供强大的数据安全保障。此外，我们还提供灵活的计费方式，可以根据您的业务需求进行定制。"

在这里，销售人员还可以通过自我披露法来加强信任。例如，销售人员可以分享一些类似规模的公司如何成功使用自己公司的云计算服务的案例，或者分享自己在使用类似服务时的体验和感受。

最后，销售人员需要站在 A 公司的立场上分析他们选择你的云计算服务后能够获得的利益。可以这样表达："张总，选择我们的云计算服务将为您带来多重利益。您可以立即解决当前面临的 IT 资源管理问题，提高业务运营效率。随着业务的发展，您可以随时扩展服务器资源，无须担心硬件限制。此外，我们的服务还可以降低您的 IT 维护成本，让您更加专注于核心业务的发展。最重要的是，我们的强大数据安全保障将确保您的业务数据不会受到任何威胁。"

总之，自我披露能提高吸引力，是一种真心交朋友的基本方式！对于披露自己的弱点、内心想法和自身事实的人，人们会产生亲近感。站在客户的立场来匹配产品，适当披露产品的优缺点，可以让客户感受到你是在为他着想，并快速赢得客户的信任。

在使用自我披露法时，销售人员需要注意适度原则，避免过度披露个人信息或涉及敏感话题，以确保交流的舒适度和安全性。此外，销售人员还需要根据客户的反应和需求，灵活调整自我披露的内容和方式，以达到最佳的销售效果。

03. 高级销售从来不说"没有"

顾客到一家山地自行车直营店里问，你们家有500元左右的小孩山地车吗？销售人员有点儿犯难，因为店里最便宜的都要800元一辆。于是回答："不好意思，没有哦，我们家最便宜的也要800元一辆。"听完，顾客便离开了。

这样回答的销售人员往往是没有经验也没有沟通技巧的，在还没有了解顾客的需求时就直接将顾客"拒之门外"。因此，在营销界有一句流行语，高级销售从来不说"没有"。即使真的没有，他们也会变换销售策略，不让顾客空手而归。

高级销售人员在处理客户需求或问题时，往往展现出一种更高层次的专业素养和沟通技巧。他们通常不会简单地回答"没有"，因为这种直接的否定回答可能会让客户感到失望或不满，从而影响销售关系的建立和维护。

高级销售人员更倾向于采用一种更为积极、开放和富有建设性的沟通方式。

如果客户问："请问有500元的山地自行车吗？"销售可以这样说："冒昧地问一下，您为什么指定要买500元的自行车呢？"

"因为小孩过生日，想要一辆自行车，所以预算控制在500元左右。"

"哦，原来您是想送孩子一辆自行车当礼物，孩子身高多高呢？"

"一米五"

"山地自行车既要选价格，也要选质量，一辆质量过硬的自行车，骑十几年不成问题。质量好的自行车，铝材质，轻便不生锈，变速省力，碟刹装置能够为孩子提供多重安全保障。"

"哦，这么多说法呢，你们店里有没有我预算的这种自行车呢？"

"我们属于山地车品牌里的前三，属于国产自行车里口碑和销量遥遥领先的产品。从低价位到高价位都有，相信您根据预算在网上也查询过，现在最普通的山地自行车也都在七八百元，材质还是铁的，不是铝的。"

"那么，你们这里最便宜的是多少钱的？"

"最便宜的超出您预算两三百，但材料和装置都超过普通自行车三个档次，我建议您还是选一个品牌的山地车，毕竟孩子还在长身体，骑上安全又省力，孩子爱骑比便宜更重要。"

顾客听完后，觉得特别有道理，于是改变了主意，最后买了一款店里1000元左右的自行车。

所以，假如顾客想要的产品，公司没有的话，销售别着急回答"没有"。而是要多问问顾客购买产品的需求是什么，为什么要买这个产品，看看有没有其他产品可以替代的。

当客户提出某个需求或问题时，他们可能会采取以下策略。

高级销售人员会认真倾听客户的需求或问题，确保自己充分理解了客户的期望和关注点。

如果客户提出的需求或问题在当前的产品或服务中无法直接实现，高级销售人员会积极寻找替代方案或变通方法，以满足客户的实际需求。

高级销售人员会根据客户的具体需求，提供定制化的服务或产品建议。他们会与客户一起探讨，共同找到最适合的解决方案。

在与客户沟通时，高级销售人员会突出强调产品或服务的优势，以及这些优势如何能够满足客户的实际需求。他们会通过案例、数据或其他证据来支持自己的观点。

高级销售人员不仅仅关注眼前的销售机会，他们更重视与客户建立长期、稳定的关系。因此，他们会在沟通中展现出真诚、关心和尊重，让客户感受到自己的价值和重要性。

04. 你给"面子"，他才给钱

给客户面子是销售过程中非常重要的一环。在销售中，给予客户尊重、认可和理解，即"给客户面子"，可以有效地建立和维护良好的客户关系，增加客户对销售人员和产品的信任度，进而促进销售的成功。

给客户面子的前提，是始终要保持对客户的尊重，无论是他们的观点、需求还是选择。避免使用贬低或轻视的言辞，即使客户提出了一些你认为不合理的要求。认真倾听客户的意见和需求，并努力理解他们的立场和观点。通过倾听，你可以更好地把握客户的需求，并为客户提供更合适的解决方案。当客户提出问题或需求时，不要直接拒绝或否定。相反，你应该积极寻找解决方案，帮助客户解决问题或满足需求。即使你无法立即提供解决方案，也要表示出你正在积极寻求解决方案的意愿。在销售过程中，难免会出现分歧或冲突。但请记住，解决冲突的关键是保持冷静和理智，以平和的态度来处理问题。避免使用攻击性或侮辱性的言辞，以免伤害客户的自尊心。

学会为客户保留面子，是与客户沟通的一条基本原则。销售人员每给别人一次面子，就可能增加一个潜在的用户，每驳客户一个面子，就可能流失一个客户，甚至带来负面的口碑宣传，损失更多的客户。

例如，有一位女士带闺蜜去逛商场买鞋，店里试鞋的客人很多，一个年轻的销售非常热情地帮她们拿鞋、试穿、换号码，大概试了不同样式的鞋有一个小时的时间，女客户选了两三双准备买单。这个时候闺蜜讲了一句："我们可以再去另一个商场专柜看看，有没有今年的新款再定。"听闺蜜这么一说本来想要下单的女士犹豫了，于是也决定先去另一个更大的商场转转。听到客户说要再去其他商场转转的时候，销售人员表情有些不悦，小声地说："您要是去别的商场逛不早点儿说，浪费了我一个多小时，那么多客户我都没照顾到。"客户听了很不高兴，瞪了销售一眼，拉起闺蜜头也不回地往外走。

这是一个典型的销售人员没有给客户"面子"的案例。虽然客户在即将下单的时候又改了主意，但这并不是销售人员抱怨客户的理由。试想，如果销售人员换个说法："这样也好，您多挑挑，看看别的专柜有没有您需要的新款，万一买回去不合心意后悔，您转完没找到合适的，再过来找我。"这样一说，不但给了客户面子，同时也让客户对销售产生了好感，说不准去其他地方一逛没找到合适的，再回来下单的概率还是很大的。

因此，在提供产品或服务时，尽量给予客户多种选择。这样可以让客户感觉受到重视和尊重，同时也可以增加他们购买的意愿和满意度。在整个销售过程中，保持耐心和热情是非常重要的。即使客户提出了很多问题或需求，也要保持积极的态度和耐心的回答。销售人员的耐心和热情会让客户感到被重视和关注，从而增加他们的信任度和购买意愿。

另外，给客户"面子"不要以貌取人，因为每个进门的客人，销售人员是无法从衣着打扮来判断其身份和品位的。即使外貌和衣着能够提供一些参考，但以貌取人也是肤浅的。

虽然销售人员主要通过顾客的衣着打扮和外貌特征去判断一个人的背景是否具备实力，但仅仅是判别，而不要妄下断论。有的顾客"不修边幅"，穿着"土气"，甚至遇到上了年纪的顾客，对这些人如果缺乏耐心和尊重，就是自带势利眼去看待别人。

例如，在某高端汽车品牌的4S店中，一位销售顾问接待了一位看似普通的中年客户。这位客户穿着朴素，没有显眼的品牌标识或昂贵的饰品，因此被销售顾问误认为是普通消费者，而非潜在的高价值客户。在与客户交流的过程中，销售顾问的态度显得较为冷淡和敷衍。他没有主动介绍车型的特点和优势，也没有询问客户的具体需求和预算。当客户表示对某款车型感兴趣时，销售顾问只是简单地回答了几个问题，然后就开始与其他潜在客户交谈，忽略了这位客户的存在。然而，这位客户实际上是一位企业家，计划为公司采购一批商务用车。他来到这家4S店是想了解不同品牌和车型的性能和价格，以便做出更明智的购买决策。由于销售顾问的"势利眼"态度，这位客户感到非常失望和不满，决定不再考虑购买该品牌的汽车。几天后，这位企业家带着他的团队来到另一家汽车品牌的4S店。在那里，他们受到了热情周到的接待和专业的服务。销售顾问主动介绍了车型的特点和优势，还根据他们的需求和预算推荐了合适的车型。最终，这位企业家决定在该店购买一批商务用车，并与该品牌建立了长期的合作关系。

这个案例表明，销售对待客户的态度至关重要。无论客户的外表和举止如何，销售人员都应该保持专业、热情和尊重的态度。只有这样，才能建立和维护良好的客户关系，促进销售的成功。

销售商品时，销售人员最忌讳的就是表现出对顾客的不满情绪，更不能与客户发生争执和指责客户，必须为客户保全"面子"。不当面指责客户，不与客户发生冲突，自己的调子低一点，永远保持礼貌、谦虚、谦恭，这并不意味着低人一等，而是一种沟通的艺术。

05. 正确化解"客户抗拒"

在销售过程中，客户抗拒是常见的现象，这些抗拒源于各种原因，包括但不限于以下五种类型。

（1）沉默型抗拒。客户在交流过程中表现得比较冷漠，不太愿意主动说话或分享意见。在这种情况下，销售人员需要主动引导对话，通过提问和开放式问题鼓励客户表达观点和需求。

（2）借口型抗拒。客户可能会提出一些看似合理的借口，如"我需要再考虑考虑""我现在没有时间"等，以推托购买决定。这些借口往往不是客户真正的抗拒原因，而是他们为了避免直接拒绝而找的托词。

（3）批评型抗拒。客户会对产品、服务、价格、公司，甚至销售人员本身提出批评或负面评价。面对这种抗拒，销售人员需要保持冷静，不要与客户发生争执，而是积极倾听并寻求解决方案。

（4）问题型抗拒。客户可能会提出一些具体的问题或疑虑，如产品的功能、使用方法、售后服务等。这些问题可能是客户真正关心的焦点，销售人员需要针对这些问题给出详细、准确的解答。

（5）价格型抗拒。客户可能会觉得产品的价格过高，与自己的预算不符。在这种情况下，销售人员需要了解客户的预算和需求，提供合适的价格方案或解释产品价值所在。

客户抗拒是销售路上最大的"绊脚石"，如果不能化解客户抗拒，成交的可能性微乎其微。在销售过程中，遭遇客户的拒绝是再正常不过的事情。但关键在于，我们如何巧妙地化解这些拒绝，将其转化为销售的机会。

假设销售人员正在与一位潜在客户讨论一款新的市场营销软件。客户表现出对该软件的兴趣，但同时也提出了抗拒点，如他们担心软件的使用难度、成本效益以及与其他系统的兼容性。面对客户的抗拒，可以采取以下步骤来化解。

（1）倾听并理解客户的拒绝。当客户拒绝时，销售人员要认真倾听客户的疑虑，确保自己完全理解了他们的问题和关注点。向客户确认了你的理解，并表达出对他们疑虑的尊重。可以了解客户拒绝的真正原因，是价格问题、产品功能不足，还是服务不满意等。只有了解了原因，才能见招拆招。

（2）重新梳理产品价值，并进行解释与展示。针对客户的抗拒点逐一进行解释与展示。例如，你向客户详细演示了软件的用户界面和操作流程，以证明其易用性；你提供了软件的成本效益分析报告，展示了其长期的投资回报率；你还解释了软件如何与其他系统无缝对接，以确保兼容性。这样一来，客户会更容易接受产品，从而化解拒绝。

（3）提供定制化方案。在了解了客户的具体需求后，销售人员要提供一个定制化的解决方案。这个方案不仅解决了客户的抗拒点，还充分考虑了他们的业务需求和预算限制。销售人员要向客户解释了这个方案的优势，并鼓励他们提出反馈和建议。同时，还可以邀请客户亲自体验产品或进行面对面的交流，让他们更加直观地了解产品和服务。

（4）提供灵活的购买方案。如果在定制部分客户提出价格问题，可以提供灵活的购买方案，以满足客户的预算需求。例如，可以为客户提供分期付款、试用等购买方式，让客户在不影响现金流的情况下购买产品。

（5）充分建立信任关系。在整个过程中，销售人员要始终保持专业、真诚的态度，积极回应客户的问题和疑虑。向客户展示你的专业知识和经验，以及你对解决他们问题的决心和承诺。通过这种方式，可以逐渐建立与客户的信任关系。

（6）与客户确认他们是否满意你的解答和解决方案。在得到客户的积极反馈后，便可提出下一步的合作计划，并商定具体的执行细节。

总之，化解客户抗拒是销售中不可或缺的一部分。通过倾听、提供成功案例和灵活的购买方案等，可以有效化解，将销售机会转化为实际的订单。

06. 如何应对客户的"货比三家"

现在的客户在购买产品时都表现得比较理性，他们在购物前不仅会货比三家，还会认真分析产品的性价比。所以，在日常销售过程中，销售人员常常会遇到这样的情况：客户很认同产品的质量、外观等，但却不认同产品的价格，也就是说，在他们眼中，你的产品性价比较低。尤其是受网上购物的影响，即便是同类型的产品，在网店的价格也要比在门店便宜很多，所以说这的确是对销售人员的一种考验。

当客户表示要进行"货比三家"时，这通常意味着他们正在考虑多个选择并希望找到最佳的解决方案。作为销售人员，面对这种情况时，可以采取以下策略来应对。

（1）对客户的选择表示理解并尊重。客户想要比较不同供应商或产品是很自然的，他们更希望自己做出明智的购买决策。如果客户想比较的是价格，往往会觉得你推荐的产品"贵"。例如："你家的这个多功能按摩椅从功能和质量上来说都不错，就是价格实在贵了。"销售可以表示理解和尊重说："看得出您挺认可这款产品，功能齐全质量好，价格相对其他同类产品来说是贵了一些。"

"就是一个按摩身体的，要那么贵干吗。""这个按摩椅是不错，但接受不了价格，再考虑一下吧。"销售人员除了实事求是地表达对客户的认同之外，还可以这样回答："您的诉求我明白了，要不您到那边看看，都是促销产品，功能单一，价格应该比我们这款要便宜一些。"这样一说反而显得不卑不亢，既没有讥讽客户，又没有强硬挽留，反而让客户觉得你的东西物有所值。

（2）强调产品的独特优势，如质量、服务、价格、技术等方面的优势。确保客户了解为什么选择你的产品是一个明智的决策。

（3）如果可能的话，主动提供对比资料，如产品比较表、客户评价或案例研究。这些资料可以帮助客户更直观地了解你的产品与其他产品的区别。

（4）当客户提出关于产品或服务的疑问时，要耐心解答，确保他们完全了解产品的功能、优点以及任何潜在的缺点。

（5）考虑提供额外的价值，如折扣、免费试用、延长保修或额外的客户服务。这些可以作为吸引客户选择你的产品的激励措施。

（6）在客户进行"货比三家"的过程中，保持与他们的联系。这不仅可以让你了解他们的决策进度，还可以让你有机会在关键时刻提供额外的信息或支持。

（7）如果客户提到竞争对手的产品或服务，不要贬低或否定。相反，要展示出你对竞争对手的了解，并强调本产品的独特之处和优势。

最后，无论客户最终选择哪个供应商或产品，都要尊重他们的决定。即使他们没有选择你，也要保持专业的态度，并感谢他们考虑你的产品。这有助于建立长期的业务关系，并可能在未来产生新的机会。

07. 销冠都采用"利他性"话术

销售的"利他性"是指一种以关注客户需求、关心客户利益为核心的沟通与销售方法。这种方法强调以客户为中心，深入了解客户需求，并提供个性化、有价值的解决方案。在销售过程中，销售人员将自己置于客户的角度，建立真实的连接和信任，从而更好地理解客户需求，并提供更加贴心和有效的解决方案。销售"利他性"的案例有很多。

一家智能健身器材公司发现，许多客户由于工作繁忙和缺乏时间，无法经常去健身房锻炼。针对这一痛点，销售人员主动向客户介绍公司的家用智能健身器材，强调其方便性和高效性。他们不仅提供产品介绍和演示，还为客户提供个性化的健身计划，帮助客户在家中也能达到理想的锻炼效果。通过这种方式，销售人员不仅满足了客户的健身需求，还为客户节省了去健身房的时间和成本。

一家儿童教育产品销售公司了解到，许多家长对孩子的教育非常关注，但往往不知道如何选择合适的教育产品。销售人员主动与家长沟通，了解孩子的年龄、兴趣和学习需求后推荐适合的教育产品。他们还提供免费试用和咨询服务，让家长能够更好地了解产品的使用方法和效果。通过这种方式，销售人员不仅帮助家长解决了选择教育产品的难题，还促进了产品的销售。

一家健康食品公司发现，许多客户由于工作繁忙和饮食不规律，常常面临健康问题。销售人员主动向客户介绍公司的健康食品，强调其营养价值和健康益处。他们还提供个性化的饮食建议和营养搭配方案，帮助客户改善饮食习惯和健康状况。通过这种方式，销售人员不仅满足了客户对健康食品的需求，还为客户提供了更多的健康支持。

这些都属于销售利他性的范畴。所有的销冠都明白，采用"利他性"的话术，更容易赢得客户的信任，达成销售结果。

例如，客户说"太贵了"，普通的回复是"一分钱一分货"，而利他性话术则是"价格和价值成正比，贵的不一定不好，便宜的也不一定好，具体结合您的需求，理性消费又能找到您满意的才是最好"。

当客户不耐烦的时候，普通的话术是"对不起"，"利他性"话术则是"感谢您听我说这么多，不管怎么样，还是希望能够帮到您"。

客户购买了你的产品表示感谢的时候，普通的应答是"不客气"，利他性话术则是"后期我们重点关注您的使用情况和进展，您放心，你的事儿我一定多操心，使用过程有任何疑问随时找我"。

不夸张地说，采用"利他性"话术销售一开口就赢了，做销售只要一张嘴就能区分老手和新手。好销售是客户的"嘴替"，客户想什么，似乎他都知道。销售说到根本就是利他，一定要站在消费者的角度，去思考客户需要什么，而在能力范围之内，给到客户最好的服务是什么，这就是真正的利他。

08. 高明的销售"装老练"也"装嫩"

有人说，销售人员表现得老练、专业会让客户产生信任，也有人说销售人员表现得更"笨"更"无知"一些，在客户眼里觉得没有套路，更容易对其信任。因此，有人说销售人员应该表现得"老练"一些，也有人说销售人员应该"装嫩"。其实，在销售行业中，"老练"和"装嫩"并不是简单的二选一问题，因为这两者并不是完全对立的。实际上，一个成功的销售人员需要在这两者之间找到平衡，根据具体情境灵活运用。

"老练"的销售人员通常指的是经验丰富、稳重、专业，能够在复杂的销售环境中应对自如，具有强大的沟通能力和解决问题的能力。一个老练的销售人员往往能够准确把握客户的需求，提供合适的解决方案，并通过专业的谈判技巧促成交易。这种老练的销售风格适用于需要高度专业知识和经验的行业，如金融、法律、高端制造业等。然而，"装嫩"也并非没有可取之处。在某些情况下，适当地表现出年轻、有活力、易于接近，可以更好地与客户建立信任和联系。一些年轻的销售人员通过表现出自己的热情和积极性，更容易吸引客户的注意力和兴趣，进而促成交易。此外，在某些行业中，如时尚、娱乐等，年轻、时尚的形象也有助于销售人员更好地融入客户群体，了解客户的需求和喜好。

例如，在像 Zara、H&M 这样的快时尚品牌店铺中，我们经常看到年轻的销售人员穿着自家品牌的最新款式，展现出年轻、时尚的形象。他们的穿着打扮与品牌形象高度一致，能够吸引路过的年轻消费者进店选购。

当消费者看到销售人员穿着时尚的衣服，他们更容易被激发出购买欲望，认为这些衣服也适合自己。

当一家科技公司发布新款智能手机或电子设备时，他们通常会选择年轻的、有活力的销售人员来展示产品。这些销售人员不仅具备专业的产品知识，而且他们年轻时尚的形象能够吸引年轻消费者的关注。例如，在苹果新品发布会上，我们经常看到年轻的员工在展示产品，他们的穿着打扮既符合苹果的品牌形象，又能够展现出年轻、充满活力的一面。

在社交媒体平台上，许多品牌选择使用年轻时尚的形象进行营销。例如，美妆品牌经常邀请年轻的网红或博主进行产品试用和推广。这些网红或博主通常具有大量的年轻粉丝，他们的年轻时尚形象能够吸引粉丝的关注，并激发他们购买产品的欲望。通过合作，品牌可以借助网红或博主的形象来提升自身的品牌形象，吸引更多年轻消费者。

如淘宝、京东等线上购物平台上，许多卖家会选择使用年轻时尚的形象进行产品展示和推销。例如，服装卖家会聘请年轻的模特穿着自家品牌的衣服进行拍摄，以展示衣服的款式和风格。这些模特通常具有年轻时尚的形象，能够吸引年轻消费者的眼球，并激发他们的购买欲望。通过展示年轻时尚的形象，卖家可以吸引更多年轻的消费者进入店铺浏览和购买产品。

因此，做销售要根据具体行业和客户群体的特点，灵活选择"老练"或"装嫩"的销售风格。在实际销售过程中，销售人员还需要根据客户的个性和需求，调整自己的销售技巧和策略，以便更好地满足客户的需求和期望。

总的来说，成功的销售人员需要具备多种素质和技能，包括专业知识、沟通能力、解决问题的能力、谈判技巧等。同时，他们还需要具备灵活性和适应性，能够在不同的情境下选择合适的销售风格和策略。无论是

"老练"还是"装嫩",都只是销售风格的一种表现形式,关键在于如何根据具体情况灵活运用。

09. 不要用"哥、姐"跟客户套近乎

许多消费者对销售人员称呼自己"哥、姐"并不陌生,不太敏感的人或许对这样的称呼并不会觉得有什么不妥。但如果是敏感的人,对别人称呼"哥、姐"会有反感或不适。尤其是看上去很年轻的客户,被销售人员称为"哥、姐"会有被轻视或叫老的嫌疑,导致客户心生不悦。

在销售过程中,称呼客户的方式确实需要谨慎考虑,因为不恰当的称呼可能会让客户感到不适或尴尬,从而影响销售关系的建立。尽管"哥、姐"这种称呼在日常生活中很常见,但在销售场合中,这种称呼并不总是合适的。

优秀的销售人员是不会见客户就喊"哥、姐"的,虽然想与客户拉近关系的想法没错,但用赞美和引导的方法更稳妥。以下是一些关于在销售中如何称呼客户的建议。

(1)在初次接触客户时,使用正式的称呼如"先生""女士"或"小姐"是比较稳妥的选择。这有助于建立专业的形象,并让客户感受到你的尊重和认真。如果看到的是年轻的女性,可以称呼其"小姐姐",往往比"姐"更让人受用。一般称呼客户往小了叫没错,如果销售比较年轻,二十岁出头,不知道对方多大,可以直接问:"我今年二十岁,不知道我俩谁大,怎么称呼您比较好呢?"不是人人都喜欢被叫"姐"的,很多客户心里会反感,暗想谁是你姐啊,说不定我比你还小呢。

（2）在与客户建立了一定的关系后，你可以尝试了解他们对称呼的偏好。有些客户可能更喜欢被称呼他们的名字，而有些则可能更偏爱特定的昵称或职位头衔。能够记住客户的姓名是非常重要的，称呼上加姓氏会给客人很受尊重的感觉，因为通常能叫出对方的名字，会使对方感到亲切融洽。反之，容易产生疏远和陌生感，进而增加双方的隔阂。

销售人员小李在与客户建立了一定的信任关系后，发现客户是一位年轻有为的创业者，姓陈。小李在与客户交流时，为了拉近彼此的距离，选择了更加亲切的非正式称呼。他称陈先生为"陈总"或"陈哥"，以表示对其创业精神的赞赏和支持。这种称呼让陈先生感受到小李的亲近和友好，从而更加愿意与小李分享自己的创业经验和需求。

（3）尽管"哥、姐"这种称呼在某些文化或社交场合中很普遍，但在销售过程中，过于亲密的称呼可能会让客户感到不自在或产生疑虑。因此，建议避免使用这种称呼，除非你已经与客户建立了非常亲密的关系。

例如，销售人员小张在与客户沟通时，了解到客户是一位知名的行业专家，姓刘。小张意识到刘专家在行业内的地位非常高，因此他在称呼上特别注重表示尊重。在与刘专家交流时，小张始终称呼他为"刘博士"，以凸显对其学术成就和行业地位的认可。这种称呼让刘专家感受到了小张的尊重和敬意，从而更愿意与小张进行深入交流。

（4）一旦你确定了合适的称呼方式，最好在整个销售过程中保持一致。这有助于建立稳定的客户关系，并让客户感受到你的专业性和可靠性。

例如，在一个正式的商务会议中，销售人员小王遇到了他的潜在客户，一位公司的高级经理，姓李。小王在会议开始前就做了充分的准备，了解到李经理在公司的重要地位。因此，在会议中，小王始终称呼李经理为"李经理"，以表示对其职位的尊重和认可。这种准确的称呼让李经理感受到了小王的专业素养和对公司的重视，从而增加了对小王的信任。

（5）在跨文化销售中，尤其需要注意称呼的差异。不同的国家和地区可能有不同的称呼习惯和偏好，因此你需要根据目标市场的文化特点来选择适当的称呼方式。

例如，销售人员小赵在与一位外籍客户交流时，特别注重称呼的文化背景。他了解到这位客户来自日本，非常注重礼仪和尊称。因此，在与客户交流时，小赵始终称呼客户为"××先生"（使用客户的姓氏），并在称呼后加上敬语"さん"（日文中的尊称后缀）。这种准确的称呼让日本客户感受到了小赵的尊重和诚意，从而更加愿意与小赵进行业务合作。

总之，销售人员在与客户交流时，应根据客户的身份、地位、文化背景等因素选择合适的称呼方式。准确恰当的称呼能够建立信任关系、提高客户满意度，并有助于促成业务合作。

10. 把"贵"转化为卖点才是高手

有句话说，嫌货才是买货人。如果对产品没有兴趣的人，压根儿连驻足都不可能。对产品挑剔的人，最常见的则是认为产品"贵"，不具有较高的性价比。

当客户嫌贵，销售人员应该去问客户他为什么会这么说。客户是习惯性地拒绝、委婉地拒绝，还是真的觉得价格高，再或者是竞争品更便宜，等等。在了解清楚客户真实的需求后，有针对性地去把"贵"转化为卖点才是高手。

客户嫌"贵"的情况可以因多种因素而异，以下是八种常见的情形。

（1）超出了预算。客户在购买产品或服务时有明确的预算限制，而所提供的产品或服务价格超出了他们的预算范围。例如，一位小型企业主想购买一套 CRM 系统，但发现市场上主流产品的价格超出了其年度 IT 预算。

（2）价值认知产生的差异。客户认为产品或服务的价格与其所感知的价值不匹配。可能是因为他们没有看到产品或服务的全部优点和潜在收益，或者他们与竞争对手的价格进行了比较。例如，一位消费者可能认为某品牌的高档手机虽然功能强大，但价格过高，相对于其他品牌提供的类似功能来说性价比不高。

（3）客户的谈判策略。有时候，客户提出价格过高的异议只是一种谈判策略，他们希望获得更好的价格优惠或额外服务。在这种情况下，销售人员可以通过提供折扣、延长保修期或增加附加服务等方式来满足客户的期望。

（4）购买时机不对。客户认为现在不是购买的最佳时机，因为他们预见到价格在未来会下降或市场将出现更具竞争力的产品。例如，一位消费者可能想等到节假日促销或新产品发布后再做购买决定。

（5）客户超支。客户的支付能力可能暂时受限，无法承担当前的价格。在这种情况下，销售人员可以探索分期付款、租赁或其他灵活的支付选项。

（6）货比三家。客户可能基于行业标准或竞争对手的价格来评估产品或服务的价格。如果产品或服务的价格明显高于行业标准或竞争对手，客户可能会感到价格过高。

（7）缺乏信任。客户可能对产品或服务的质量和性能持怀疑态度，因此认为价格不值得信任。在这种情况下，销售人员需要通过提供详细的产品说明、客户案例和推荐信等方式来增强客户的信任感。

（8）个人偏好影响。有时候，客户对价格的反应可能受到个人偏好和情感因素的影响。例如，一位消费者对某个品牌有偏见或负面印象，因此认为该品牌的产品价格过高。

知道了客户嫌"贵"的情况，就可以针对不同的情况去应对，将"贵"转化为卖点。

第一，强调品质与价值。突出产品的高品质材料和精湛工艺，解释为什么这些特点会导致价格较高。强调产品提供的长期价值和耐用性，如"虽然价格稍高，但这款产品的使用寿命是普通产品的两倍"。强调产品的独特设计、功能或技术，这些是竞争对手所不具备的。强调购买该产品的客户获得的是独特性和专属感，而不只是商品本身。

第二，突出服务与售后支持。突出公司提供的卓越客户服务和售后支持，如快速响应、专业维修和定期保养等。解释为什么这些服务是值得额外投资的，以及它们如何为客户节省时间和金钱。

第三，强调品牌与信誉。强调品牌的声誉和历史，以及品牌如何代表高质量和可靠性。引用客户评价、行业奖项或权威认证来支持品牌的信誉。

第四，展示投资回报。展示购买该产品如何能够为客户带来更高的投资回报率。举例说明产品如何帮助客户节省成本、提高效率或增加收入。

第五，支持定制化与个性化。如果产品支持定制或个性化，强调这一点并解释为什么值得额外的费用。强调定制产品可以更好地满足客户的具体需求和期望。

第六，让客户明白限量版与独特性。

如果产品是限量版或具有某种独特性，强调这一点并解释为什么它值更高的价格。强调拥有限量版产品将为客户带来独特的身份象征和社交价值。

第七，强调长期关系。强调与客户的长期关系和价值，而不只是单次交易。解释为什么公司愿意投资于高质量的产品和服务以建立长期合作关系。

第八，把握客户的心理。利用客户的心理需求，如追求独特、追求品质、追求成功等，来强调产品如何满足这些需求。强调购买高价值产品可以带来的心理满足感和成就感。

在运用以上策略时，要确保与客户进行真诚的沟通，并真正理解他们的需求和期望。通过提供有价值的信息和解释，可以帮助客户理解为什么你的产品虽然价格较高但仍然是最佳选择。

第五章 "精通"
——熟悉品牌,知己知彼推荐产品

01. 别只卖产品，也卖"分享欲"

分享欲是指一种希望与他人分享自己所拥有、所知道或所经历的愿望或欲望。这种欲望可以体现为分享知识、经验、时间、财富、资源、情感等。人们具有分享欲的原因因人而异，但通常包括社交需要、赞扬和认可、稀缺性心理、善意和利他心理、探索和创新等心理原因。

从心理学的角度来看，分享欲既是人类天生的一种本能，也是人类社会得以发展和进步的重要因素之一。通过分享，人们可以建立联系、增强彼此之间的信任和理解，并带来内心的满足感。分享欲可以帮助我们建立更紧密的人际关系，提高社交能力，并在分享中获得心理上的满足和成就感。

我们每个人每天都要看到很多的广告，尤其刷屏的硬广告不但没有感觉，还会屏蔽。卖产品，底层逻辑是卖"分享欲"，就是客户心中迫不及待想要分享的冲动。比如，当客户体验了一款产品，或学习某个课程有收获之后，就有想分享给身边的亲朋好友的那种感觉。

所以，销售高手都懂得如何去满足客户的分享欲。销售推荐产品，要转变思维，介绍产品，永远不要说我有什么产品特别适合你，永远不要告诉客户我们这个产品对您特别有帮助和针对性。

首先，要将我们的产品功能转变成客户的使用体验。因为客户从来不关心你卖给他的是什么，而是我从你这里买的东西会给我带来什么样的体验。不能一味地去介绍产品的功能，要回到客户的使用场景。例如，某床垫品牌销售对客户介绍自己家的床垫说"我们这款床垫是供应给英国皇家,有最好的弹簧,从马来西亚空运来的乳胶床垫,床垫的性能如何如何好"。客户对这样的介绍很难完全听进去,因为这些与客户关系不大。如果是站在客户使用场景去推荐,则可以换成这样的说法"您看像您现在这样辛苦忙碌的年轻人,压力也很大,每天工作一天,最放松的地方就是一张舒服的床垫,好的睡眠才能让人彻底恢复精力,第二天才能精神百倍去创业绩搞钱。看您身材保养得那么好,应该有健身的习惯,那睡眠的舒适度是一定要保障好的,所以我给您推荐这款软硬适中的,不仅是性价比较好,更关键的是我们有专门的研究院,根据人体工学原理去制造最贴合人体,达到最高舒适度的弹簧和床垫。您可以躺下来体验一下"。这样一说,客户不但会被说动,还会真的去体验。

其次,从一句不停地夸本品牌转变成适当停顿去问客户问题。还以床垫销售为例,如果总在不停地夸本品牌,很快就会让客户反感而离去。如果多询问客户看了几个品牌,有没有亲自体验,都发现哪些问题或不合适的地方,是不是新装修家要换床品,再问一下平时使用什么样的床垫,有没有特殊的喜好等,这样才能从询问客户的过程中,找到客户的真实需求,以便推荐更符合客户诉求的产品。

最后,介绍产品的时候客户不关心你卖什么,只关心你能给我什么。比如,可以分享同类案例"我做床垫销售9年,说实话,这款卖得不是最畅销的,但和你们一样的同龄人,最后都会选择这款,真的是最适合的"。

总之,当客户从你这里听到的是你对他的关注,对他需求的关注,并且能够买到真正符合他们需求的产品,他们才会去分享、去推荐。对于销售人员来说,这样才更有利于进一步的销售达成和客户推荐。

02. 好产品往往都遵循"稀缺效应"

稀缺效应是指在消费心理学中,由"物以稀为贵"而引起的购买行为提高的变化现象。这种现象在市场营销、心理学和经济学等领域都有广泛的应用。

稀缺效应可以分为两类:数量稀缺和时间稀缺。数量稀缺是指资源的数量有限,如限量版商品、独家优惠等,这种情况下人们往往会觉得这些资源更有价值,从而产生更强烈的购买欲望。时间稀缺是指资源在一定时间内可获取,如限时抢购、倒计时优惠等,面对时间稀缺,人们往往会感到紧迫感,从而更容易做出决策。

稀缺效应背后的心理机制主要包括损失规避、归属感和心理反应式。人们天生讨厌损失,面对稀缺资源会更加珍惜;同时,稀缺资源往往具有独特性和稀有性,使拥有这些资源的人显得与众不同,人们追求稀缺资源很大程度上是为了获得归属感和独特性。此外,当人们面临限制时,往往会产生反抗的心理,这种心理也会促使人们更积极地追求稀缺资源。

稀缺效应能够让消费者感知到产品的独特性和珍贵性,从而提高他们对产品价值的认知。当产品被视为稀缺资源时,消费者往往会认为它具有更高的价值,从而更愿意为之付出更高的价格。

稀缺性能够激发消费者的购买欲望。当消费者意识到某种产品数量有限或时间紧迫时,他们往往会感到一种紧迫感,促使他们尽快做出购买决策。这种紧迫感能够有效地推动销售增长。

第五章 "精通"——熟悉品牌，知己知彼推荐产品

心理研究发现，人们常对"稀有物"渴求至极，对"要有条件才能得到的东西"为之着迷。在产品推介中稀有度会让客户自动关注产品，并附带了"如果不快点买下，错过这个村就没有这个店了"的紧迫感，在这样的情况下，客户的购买意愿会自动加强。

比如，常见的强调产品稀有度有三种方法。

一是从时间上限定，如"优惠仅限今日""售完后，下次进货时间未定"；现在不少平台主播进行销售带货的时候，会说"因为这个价格便宜，所以不多了，家人们，我是个生意人，不可能天天亏，希望大家理解一下，今天这个价格搞一波，你们答应我，给我点个关注，亮个灯牌，成为我的家人，以后来我直播间看到现在的价格也不准揭我的老底"。"为了感谢您的支持，我们特别推出了限时优惠活动，但是活动时间有限，错过今天，就要等到下个月了。""现在购买可以享受××折优惠，但是优惠活动只持续到今晚××点。"

二是从数量上限定，如"每个用户限购一个""今日仅剩10件"；常见的话术，如"因为这个材料太好了，所以数量不多，姐妹们，这一批料子换了的，升级为双层的，为的就是哪怕你之后里面穿个黑色的，你也完全不会透出来，但是，还是以前答应你们的价格回馈老粉，料子多了一倍，但是我的价格却没有提高，今天只有80单"；"这款产品我们全球限量发售，错过了这次机会，可能就再也得不到了"；"我们的设计帅精心打造了这批限量版产品，每一个细节都独一无二"。

三是说明产品获取难度，如"野生松茸""阳澄湖大闸蟹"等。可以用提供客户服务或赠品方式增加紧迫感，如"为了感谢您的支持，前××位购买的客户将获得我们精心准备的限量版赠品"；"购买本产品即可享受VIP专属服务，包括……（列出具体的服务内容）"。

通过把握稀缺效应，好产品能够提高自身的品牌形象。稀缺性能够赋

予产品一种高贵、独特的品质，使消费者对其产生更高的认同感和忠诚度。这种品牌形象的提升有助于产品在激烈的市场竞争中脱颖而出。

在竞争激烈的市场环境中，好产品需要找到一种有效的营销策略来吸引消费者的注意力。把握稀缺效应是一种有效的策略，它能够让产品在众多竞品中脱颖而出，吸引消费者的目光和兴趣。

03. 靠产品"特征—作用—益处"打动客户

客户不但会货比三家，还会对销售推荐的产品带着更多的探究，毕竟每个人都希望自己买到的产品性价比更高，而且物超所值。那么，销售想要让客户对产品动心，就需要从产品的"特征、作用和益处"三个方面来介绍，以此打动客户。

产品的特征具体描述产品的特性或属性，包括产品的物理特性、技术规格、材料、设计等。例如，"我们的产品采用了最新的××技术，拥有高清的××英寸显示屏，机身轻薄，仅重××克，方便携带"。

产品的作用解释产品特征如何工作以及它们带来的具体效果。例如，"××技术保证了产品在处理数据时的高效性和准确性，高清显示屏则为用户提供了清晰、逼真的视觉体验"。

产品的益处强调产品如何满足客户需求、解决客户问题，以及它如何改善或增强客户的日常生活或工作。例如，"使用我们的产品，您可以更高效地完成工作任务，减少出错率；同时，高清的显示效果也能让您在娱乐时获得更好的体验"。

例如，"因为这个牙刷是三面立体设计，所以它能刷到牙齿的三个面，对您而言就能彻底清除牙齿内的残留物"。"因为这个剃须刀采用了弧形设计,所以它能更贴合人脸,对您而言就能刮得更干净"。"因为这个木门采用的是水性漆,所以它的甲醛含量非常低,对您而言以后居住起来,不用担心甲醛的危害"。

以上示例采用的都是介绍产品的"特征、作用和益处"来打动客户。在不同的领域这种产品的介绍方法都可以使用。例如:

智能音箱产品,特征是语音控制,用户可以通过语音指令控制音箱播放音乐、查询天气、设置提醒等。智能家居控制可以与其他智能家居设备连接,如灯光、空调等,实现语音控制家居设备。高音质扬声器提供清晰、高质量的音频输出。作用体现在,提供了便捷的语音控制方式,用户无须手动操作即可完成任务。作为智能家居的控制中心,提高了家居生活的智能化水平。益处是能够节省用户的时间和精力,提高了生活效率,提升了家居生活的舒适度和便捷性。

智能门锁产品,特征是具有多种开锁方式:支持密码、指纹、刷卡、手机App远程开锁等。高安全性采用先进的加密技术和防撬设计。可与智能家居系统连接,方便用户远程监控和管理门锁。作用体现在提供了更加安全、便捷的门禁解决方案。适用于家庭、公寓、写字楼等多种场所。益处是减少了因丢失钥匙或忘记带钥匙带来的不便和安全隐患,提高了场所的安全性和管理效率。

电动汽车,特征是环保节能:采用电力驱动,减少了对环境的污染。高效动力具备高效的电动机和电池系统,提供稳定的动力输出。智能化驾驶辅助系统包括自动驾驶、自动泊车等功能。作用体现在满足了人们对环保出行的需求,减少了对环境的负面影响。提供了更加舒适、便捷的出行方式。带来的益处是降低了出行成本,减少了能源消耗和碳排放,提高了驾驶的舒适性和安全性。

通过以上结构化的介绍，您可以清晰地向客户传达产品的"特征、作用和益处"，帮助他们更好地理解产品的价值和优势。

04. 用浅显易懂的语言解释产品理念

随着技术的迭代，很多新兴技术都在产品上得到应用。作为销售人员经常会遇到需要向客户解释艰涩概念的情况。在给客户解释艰涩概念时，应该用简单的方式来表达。比如客户问："什么是云计算？"专业概念：云计算是一种通过互联网提供计算资源（如服务器、存储、数据库和应用软件）的模式，这些资源通常是由大型数据中心的大型服务器群组提供的，用户可以通过互联网随时访问和使用。简单解释则是："想象一下，你有自己的电脑或手机，上面存储了很多文件和应用软件。但是，随着时间的推移，你会发现手机的存储空间不够用了，或者电脑处理文件的速度变慢了。而云计算就是一个巨大的'在线硬盘'和'超级电脑'，它可以帮你存储海量的数据，同时提供强大的计算能力。你不需要在自己的设备上安装所有的软件或存储所有的文件。相反，你可以把这些都放在'云'上，然后通过互联网来访问和使用它们。这样一来，你就可以随时随地用任何设备（如手机、电脑、平板）来查看你的文件、编辑文档、处理图片或视频，甚至运行复杂的计算任务。更重要的是，云计算服务提供商会负责维护这些'云'上的设备和数据，确保它们的安全和稳定。你可以根据需要随时增加或减少计算资源，而不需要购买额外的硬件或软件。这就像是你有一个灵活的、可扩展的IT团队在为你服务，而你只需要支付你实际使用的资源费用。"

如果不能用简单的方式让客户听懂艰涩的产品或技术概念，客户就会觉得你在忽悠人。什么是简单的方式？就是基于客户的认知，用客户能够听懂的方式去描述产品。

例如，当客户问什么是"自动充电调节器"，不正确的描述是"这是一种智能装置，保护你的电池"，虽然简单，但客户依然未能搞懂这个产品究竟是什么。正确的解释应该是"自动充电调节器是保护电池不受损害，当电池充满或温度过高时它会自动断电。就像在家里安装了一个智能水龙头，当水缸里注满水时，水龙头就会自动关上"。这样一个比喻，就会让客户觉得浅显易懂。

如今是信息爆炸的时代，过载的信息量让人无所适从，就拿我们现在的朋友圈来说，里面如果是长篇大论的信息，很多人连打开的想法都没有。信息传递过于复杂，会让人失去阅读和了解的兴趣。

做销售也是同样的道理，将复杂的信息，通过最简单有效的话来说出产品的特点和价值，往往能赢得好感。

05. 客户拿不定主意时，采用"I—M—I"法助推

在销售过程中，很难遇到客户看了产品马上购买的情形，反而遇到客户拿不定主意的时候更多。尤其客户在两个产品之间摇摆不定，这个时候需要销售人员采用一些方法进行助推，才可能实现销售达成的结果。一般常用的方法是"I—M—I"助推法，也就是询问—匹配—询问的一个过程。

第一步，销售人员会通过询问的方式了解客户的需求、疑虑和期望。这一步的目的是深入了解客户，以便更好地为客户提供解决方案。

在了解了客户的需求之后,销售人员会尝试将产品或服务的特点与客户的需求进行匹配。他们会强调产品或服务如何能够满足客户的期望,解决客户的问题,以及带来哪些实际的好处。

完成匹配后,销售人员会再次进行询问,以确认客户是否对解决方案感到满意,并是否有任何进一步的问题或疑虑。这一步的目的是消除客户的顾虑,增强他们的购买信心。

通过这种销售手法,销售人员可以更准确地把握客户的需求,提供个性化的解决方案,并通过有效的沟通来增强客户的信任感和满意度。同时,这种手法也强调了销售过程中的互动性和灵活性,使销售人员能够更好地应对各种销售场景和客户需求。

例如,如果是一个卖包的销售人员,面对客户觉得两个包都好而陷入选择困难的时候,就可以使用"询问—匹配—询问"的方法来助推。

第一步,询问:"您打算在什么场合使用这个包呢?"回答:"主要是出差或通勤。"

第二步,在客户回答的基础上,分析两个产品的优劣势,匹配客户的需求。

"虽然这两款的价格差不多,但它们各有特色,A款偏商务,B款偏休闲,看您更倾向于哪一款呢?"

第三步,询问客户的最终决策。这个时候即使你非常愿意将两款产品都卖给客户,但也不能替客户做决策,要让客户自己做决策。

"询问—匹配—询问"的销售手法在多种情况下都适用。

首先,当销售人员面对新客户时,这种手法特别有效。通过初步的询问,销售人员可以迅速了解客户的需求和疑虑,然后根据这些信息来推荐合适的产品或服务,并通过进一步的询问来确认客户是否满意。

其次,当客户对产品或服务存在疑虑或不明确的需求时,这种手法也能发挥很好的作用。销售人员可以通过询问来澄清客户的疑虑，了解他们的具体需求，提供有针对性的解决方案。

此外，在竞争激烈的市场环境中，询问—匹配—询问的销售手法也能帮助销售人员从众多竞争对手中脱颖而出。通过深入了解客户的需求和期望，销售人员可以提供更加个性化和精准的解决方案，从而赢得客户的信任和青睐。

总之，询问—匹配—询问的销售手法适用于各种销售场景和客户需求，是一种非常灵活和有效的销售策略。

06. 客户对比其他品牌产品，该如何应对

销售的过程，既是争取客户的过程，也是跑赢竞品的过程。因此，在应对客户对比竞品这件事上，也是需要策略和技巧的。

竞品指的就是"竞争的产品即竞争对手的产品"，与分析组合起来理解，即"与竞争对手的产品进行比较和分析"。竞品分析是指对同一市场或同一行业中的竞争对手进行详细的分析和比较，以便了解其产品、服务、市场份额、营销策略、品牌形象等方面的情况，从而为自己的产品或服务的发展提供参考和借鉴。

客户对比其他品牌的产品是常见现象，如："你们这个东西看起来和××牌子的一个产品差不多，你们这个好在哪啊？""你们的产品和××牌子的产品哪个更好？"类似这样的竞品问题，相信销售人员经常遇到，如何巧妙应对是非常重要的。

首先，尊重客户的选择和比较竞品的行为，不要表现出不耐烦或贬低

竞品的态度。在销售前做好竞品研究，了解竞品的优缺点、定价策略、市场定位等。当客户提到竞品时，能够迅速、准确地回答客户的问题，展示你的专业性和对市场的了解。

其次，突出你的产品与竞品的差异化特点，这些差异点可能是功能、性能、服务、价格、品牌等方面的优势。强调你的产品如何能够更好地满足客户的需求和期望，解决他们的问题。

例如，可以说"您说的那个牌子的产品也是不错的，看来您选东西还是非常谨慎的啊。我们的产品和××品牌的产品看起来是有些相似，不过还是有差别的，例如这里……这样就可以……您使用起来会更加便利"。

另外，还要提供实际案例和证明，分享其他客户选择你的产品而不是竞品的案例和证明，包括客户反馈、成功案例等。这些实际案例可以增强客户对你的产品的信任感和信心。

如果客户对竞品有疑虑或担心，要灵活应对，提供专业的解答和建议。可以通过对比竞品的产品，让客户更加清晰地了解你的产品优势和价值。在与客户沟通的过程中，建立信任关系是非常重要的。可以通过提供优质的售前服务、回答客户的问题、解决客户的疑虑等方式来增强客户对你的信任。如果条件允许，可以为客户提供试用或体验本产品的机会。通过实际体验，客户可以更加直观地了解产品优势和价值，从而更容易做出决策。

发现客户在对比竞品，聪明的销售人员应该明白客户倾向于购买类似的产品。所以，就算客户自己不说，销售人员也要询问客户是否已经有竞品关注。

07. 产品被贬低了，如何扭转不利局面

在销售工作中，常常会听到有些顾客抱怨说："你们的产品质量好像不怎么样？""你们的产品性能好像也不是很稳定。"面对这种质疑，销售员该怎样处理才能让顾客满意呢？客户对产品产生怀疑和贬低可能出现在多种情况下，以下是十点常见的原因。

（1）当客户认为产品的价格远高于其提供的价值时，他们可能会质疑产品的定价，并因此贬低产品。

（2）如果产品未能满足客户的期望或行业标准，客户便会质疑其功能和性能，并对产品进行贬低。

（3）对于不熟悉或声誉不佳的品牌，客户可能持怀疑态度，并因此对品牌旗下的产品产生怀疑和贬低。

（4）每个人的需求和偏好都不同，如果产品不符合客户的个人喜好或特定需求，就会对产品进行贬低。

（5）竞争对手可能通过营销手段或负面评价来影响客户对产品的看法，导致客户对产品产生怀疑和贬低。

（6）如果客户在使用产品时遇到了问题、故障或不便，就会对产品的质量和可靠性产生怀疑，并因此贬低产品。

（7）如果客户在购买产品后遇到问题而得不到及时有效的售后支持，就会对产品的整体满意度下降，并对产品进行贬低。

（8）随着市场变化或技术进步，客户期望产品具备更新、更先进的

功能或性能。如果产品未能跟上这些变化，客户可能会对其产生怀疑和贬低。

（9）客户的购买决策往往受到其他用户评价和社交媒体讨论的影响。如果产品在这些平台上收到负面评价，客户可能会对其产生怀疑和贬低。

（10）如果销售人员在推销产品时使用了夸大其词、误导性的言辞或使用了不适当的销售技巧，客户可能会对产品产生怀疑和贬低。

无论客户出于什么情况对产品产生了怀疑和贬低，销售人员都需要采取既专业又理解的态度来应对。

首先，不要立即反驳或争辩，这可能会加剧紧张气氛，尊重客户的观点，即使你不同意。需要认真倾听客户的贬低内容，了解他们为什么有这样的看法，再理解客户关注点，以积极、专业的方式强调产品的优势，提供相关的产品功能、性能数据、客户案例或行业认可来证明产品的价值。如果客户的贬低基于误解或不完全的信息，耐心地解释和澄清，并提供方案或替代方案以满足他们的需求。

其次，避免贬低竞争对手。即使在比较产品或回答问题时，也要避免直接贬低竞争对手，专注于你的产品优势，而不是贬低其他产品。尝试找到与客户的共同点或共同目标，以建立信任与合作关系。强调你们之间的共同利益，以及如何通过合作实现这些利益。

遇到这种情况，常见的沟通话术如下。

如果客户问："你们的产品质量会不会有问题？"

回答："张总，对于质量有些担心，是您以前有采购过质量不好的产品，客户投诉很多是吗？"

客户："是的。"

我们问一句："具体是什么样的问题呢？"

接下来，客户就会向销售诉苦了……

这个时候销售人员要做的就是耐心倾听，适时附和，最好看着对方的眼睛。然后告诉他，这种事情在我们家不会有，您完全可以放心……

此时，我们可以把客户见证的图片，或者返修率数据拿出来给客户看一看，做到让客户完全放心！

在销售过程中，客户有顾虑是正常的，交流时，当客户有"担心"的这种负面情绪出现时，我们最好能问出他"担心"的具体是什么事情，这样我们才能更好地来应对！

我们要清楚顾客的疑虑来自哪些方面：顾客对销售人员本身；顾客对公司；顾客对产品；顾客对售后服务；顾客对产品价格。

但无论针对哪一种疑虑，都可以通过以下三个方法解决：

（1）一定要肯定顾客的见解以及立场；

（2）对顾客所提出的各种疑虑进行逐一剖析；

（3）要告诉顾客这些疑虑、担心都是没有必要的。

只有先肯定了客户才是真正站在客户的立场上去看待问题，这样才会从根本上打消客户的顾虑。

08. 客户要产品保证，需巧妙承诺

客户在购买产品之前或之后往往都想要一个安心，想跟商家要产品保证。当客户要求产品保证时，销售人员需要巧妙地承诺，以确保客户的信任同时避免过度承诺。

例如，一个做美妆产品的销售人员面对客户提出："如果我买了这个产品，你能保证让我的皮肤变好吗？"这时候，没有经验的销售人员为了

不担责任,会说"不能保证,谁敢给人百分百的保证啊?敢保证的那都是骗人的"。这么一说,往往会黄单,客户就不敢买你的产品了。那优秀的销售是怎么做的呢?他们往往会这样回答:"当然可以呀,我们的这个产品主打的功效就是帮助千万女性拥有健康美丽的肌肤,但任何美妆产品在帮助客户缔造美丽肌肤的前提是要每天坚持使用,而且要按照步骤使用。同时,皮肤的健康来自多方面的保养,如果单纯依靠化妆品,而不注意饮食和睡眠,也会让原本具备功效的化妆品大打折扣。"这样的回答,大多数客户听了之后都会买单。

客户想要吃个定心丸是正常的,这种诉求也是合理的。销售人员可以针对所售产品进行承诺。例如,清楚地定义产品保证的范围,如保修期限、保修内容以及不涵盖的情况,避免模糊或过于宽泛的承诺,以免后续产生误解或纠纷。通过展示产品的可靠性、耐用性和性能来增强客户对产品的信心。如果可能的话,可以提供相关的产品测试数据、客户反馈或行业认证来证明产品的质量和性能。这些数据可以为客户提供客观、可靠的依据,帮助他们做出决策。在承诺产品保证时,可以强调公司提供的灵活售后支持服务,如快速响应、维修或更换政策等。告诉客户,如果产品出现问题,他们将得到及时、有效的解决方案。

例如,某环保家居品牌,为了满足消费者的需求,提出"质量透明,健康无忧"的承诺,承诺的内容如下。

(1)承诺其所有产品均使用经过严格筛选的环保、健康原材料,并在产品包装或官方渠道上清晰标注了原材料的来源和成分。消费者可以轻松了解每件产品的原材料构成,从而确保产品符合自己的健康要求。

(2)将产品的生产过程公开化、透明化。销售通过视频直播、图文介绍等方式,让消费者了解产品的每一道生产工序和质量控制点。这种透明度让消费者更加信任该品牌的产品质量。

（3）与权威的检测机构合作，对所有产品进行严格的质量检测。检测结果在官方渠道上进行公示，消费者可以随时查看自己购买的产品是否通过了质量检测。这种公示制度让消费者更加放心地购买产品。

（4）如果消费者在购买后发现产品存在质量问题或不符合自己的期望，承诺提供无忧退换服务。消费者只需在规定时间内联系客服，即可享受便捷的退换货流程。自推出"质量透明，健康无忧"承诺以来，该品牌的知名度和美誉度得到了显著提升。消费者对该品牌的信任度也大大增加，愿意为其高品质、环保的产品买单。同时，这一承诺也促进了与消费者之间的沟通和互动，增强了品牌与消费者之间的情感联系。

当然，无论是企业还是销售人员，都不能为了赢得客户而过度承诺无法兑现的保证。如果客户提出超出企业能力范围的要求，可以委婉地解释并提供其他解决方案。如果可能的话，为客户提供试用产品或演示的机会，让他们亲自体验产品的性能和优势。这将有助于客户更全面地了解产品，并增强他们对产品的信心。

总之，当客户要求产品保证时，销售人员需要巧妙地承诺，确保客户的信任同时避免过度承诺。通过明确保证范围、强调产品质量、提供数据支持、灵活的售后支持以及建立信任关系等方式，销售人员可以有效地应对客户的要求，并赢得客户的信任和满意度。

09. 客户不怕买得贵，是怕买得亏

在销售界流行一句话，客户不怕买得贵，就怕买得比别人贵；客户要的不是占便宜，而是占了便宜的感觉。每一个客户在买单的过程中，追求的是心理上的满足。所以，"客户不怕产品买得贵，是怕买得亏"这一观点体现了消费者在购买产品时的心理考量，它强调了消费者对于产品价值和购买决策的深层次理解。

消费者在购买产品时，不仅仅是考虑价格的高低，更重要的是产品所能提供的价值。如果消费者认为产品物有所值，即使价格稍高，他们也愿意购买。相反，如果消费者认为产品价格高，但性能、质量或服务与价格不匹配，就会产生"买得亏"的感觉。

当消费者以合理的价格购买到高质量、高性能的产品时，他们会感到满足和愉悦。这种满足感来自消费者对产品价值的认可和对购买决策的肯定。但如果消费者认为产品价格过高而性能、质量或服务未能达到预期，就会感到失望和不满。

购买高价产品通常伴随着更高的风险感知，因为消费者担心自己的投资是否能够得到相应的回报。然而，如果产品能够提供足够的价值保障和售后支持，消费者就会降低风险感知，更愿意进行购买。相反，如果消费者认为购买的产品存在较大的风险，如性能不稳定、售后服务差等，就会觉得"买得亏"。

比如，在销售中，我们经常会遇到这样的顾客：在挑选商品的时候无

条件选打折优惠的商品，即使是他们暂时用不到的，也会不遗余力解囊购买。因为他们觉得有便宜可占，不买的话仿佛自己就吃亏了。消费者购买产品时不是"图便宜"，而是喜欢"占便宜"，即便消费者非常喜欢一件产品，如果不能从价格上获得"便宜"的感觉，他们也很难有愉悦的体验。我们在生活中也经常遇到过以下场景。

一瓶洗发水所标建议零售价：19.9元，实际售价13.9元。

在实际销售过程中，诸如优惠打折、免费送货、赠品、附加服务等"小便宜"都可以让客户感到喜悦。如果这些"小便宜"已经不能让客户感到欣喜，那么销售人员也可以准备一些特色优惠、特色服务，给客户一个"意外的惊喜"。

在现代社会，消费者越来越注重信息的透明度。如果产品的价格、性能、质量和服务等信息能够清晰地呈现给消费者，消费者就能够更好地评估产品的价值，从而作出更明智的购买决策。如果信息不透明或存在误导，消费者就容易产生"买得亏"的感觉。

随着消费者消费心理的变化，他们越来越注重个性化和体验化的消费。这意味着消费者在购买产品时，不仅关注产品的物质价值，还关注产品所带来的情感价值和体验价值。如果产品能够满足消费者的需求，即使价格稍高，消费者也愿意购买。

10. 用"假定成交法"锁定客户的购买意向

只要客户还没有下单，多少努力等于没有结果。所以，促成客户成交是销售终极目的。销售人员给客户介绍了很多，但客户看哪个似乎都很中意,但就是不着急下单,这种情况下是需要有一些套路的。

很多销售人员会这样询问:"那您今天是否购买呢?"这种询问方式无疑是很糟糕的!客户此时都在关注产品的优点,你一句"是否购买"又把客户的注意力拉回到对商品利弊的权衡中,客户可能回你一句"我再考虑考虑",你所有的努力全泡汤了。

当客户表现出购买意向时,优秀的销售人员会跳过"要不要买"的问题,询问已经决定购买之后的问题,如"您要白色还是黑色""您要一件还是两件""您是自提还是需要送货上门"等,将客户的注意力转移到成交上来。这种转移注意力的方法也被称为"假定成交法"。

假定成交法是指销售人员假定客户已经接受销售建议,在同意购买的基础上,通过提出具体的成交问题,直接要求客户购买销售品的一种方法。这种方法通常适用于犹豫不决、没有主见的顾客。在使用假定成交法时,销售人员需要看准顾客类型和成交信号,表情大方、语言温和、委婉体贴、亲切自然,切忌自作主张和咄咄逼人。

例如,一位销售人员正在向一位潜在客户推销一款新型智能手机。销售人员首先向客户详细介绍了手机的各项功能和优点,如高清摄像头、快速处理器、大容量电池等。在客户对产品表示出一定兴趣后,销售人员开始运用假定成交法。销售人员对客户说:"先生,如果您选择购买这款智能手机,您将会获得一台性能卓越、功能全面的设备。它能够满足您日常工作和娱乐的多种需求,让您的生活更加便捷和高效。"接着,销售人员进一步假定客户已经决定购买,并开始讨论具体的购买细节:"这款手机有黑色和白色两种颜色供您选择,您更喜欢哪一种呢?另外,我们提供分期付款和一次性付款两种方式,您更倾向于哪一种付款方式呢?"在客户对这些细节问题进行回答的过程中,销售人员不断强调客户已经做出了购买决定，从而进一步巩固客户的购买意愿。最终，客户在销售人员的引导下，顺利地完成了购买过程。

假定成交法可以节约推销时间，提高推销效率；适当减少顾客的心理压力，形成良好的销售气氛；还可以把顾客的成交信号直接转化为成交行动，促成交易的最终实现。但是，如果运用不当，可能会产生过高的成交压力，破坏成交气氛，不利于进一步处理顾客异议，甚至可能让推销员丧失成交的主动权。因此，在使用时需要谨慎把握。

第六章 "裂变"
——数字时代的营销策略新篇章

01. 从全流量中寻找目标客户

在流量时代，消费者获取信息的渠道增多，对于产品和服务的了解也较之前更宽泛，甚至部分销售人员发出"客户比销售都专业"的感慨。对于销售而言，这既是个好现象也是个坏现象。好的一面是销售人员不需要花太多时间去解释是否需要，而是直接开始解决问题；不好的一面是去哪里找到属于自己的准客户成为首要解决的问题。

在数字时代，从全流量中寻找目标客户是一项至关重要的任务，涉及数据分析、市场洞察和用户行为理解等多个方面。

在开始寻找目标客户之前，先要明确你的产品或服务是为哪一类人群设计的。包括了解他们的年龄、性别、地理位置、职业、兴趣偏好、购买习惯等。通过市场调研和数据分析，进一步了解目标客户的具体需求和痛点。

基于数据分析结果，构建具体的用户画像，包括用户的基本信息、购买历史、兴趣偏好、社交行为等。通过用户画像，更深入地了解目标客户的需求和期望，为后续的精准定位打下基础。

例如，你可以将目标客户定位为"年龄在30~40岁，居住在一线城市，有稳定收入，对高品质生活有追求的女性"。利用广告定向技术，如搜索引擎广告、社交媒体广告等，将广告精准地投放给符合这些特征的目标客户。通过优化广告创意和投放策略，提高广告的点击率和转化率，进一步吸引目标客户。

又如，在荔枝 FM 团队早期，虽然有做个手机电台的初衷，但是项目团队并没有直接开发最小化的产品，而是先在微信公众平台上，利用微信的接口，做了微信公众平台，用爬虫软件搜索了近 500 个电台，放在上面，让用户自由选择。运营两个月下来，用户激增至 5 万，可当用户激增一段时间以后，用户的增长速度会放缓，于是荔枝 FM 团队又推出标签云，试图激发用户的兴趣。没想到推出一个月之后，用户增长至 100 万，日活跃用户达到 20 多万，日收听次数在 100 万以上。之后，荔枝 FM 团队根据之前的实验情况，针对用户热度改进产品性能，不断地提升用户体验，成为国内炙手可热的手机电台。

不论你是做什么行业，找准目标客户都是非常重要的，能少走很多弯路，只有找对目标客户，才能谈成交！

具体操作有以下四个步骤。

第一步：明确目标客户。在营销之前先问自己几个问题，能不能清楚地描述出自己的客户是谁？在哪里工作、性别特征、什么年龄段、经常居住在哪个城市等。明确了客户群体之后，找准优质目标用户，一是对你的产品有强烈的需求，二是具备充足的购买力，也就是要分析你的用户是否能买得起你的产品。例如，卖减肥产品的人，你的优质目标用户可以将范围圈定为年龄在 18~45 岁的女性肥胖者。因为这个年龄段的人爱美、注意形象、有品位、刚开始肥胖渴望苗条身材的女性，如产后肥胖的孕妈妈、女创业者、大龄单身剩女。

第二步：找到目标出现的地方。比如，微信群、百度、公众号、头条、快手、知乎等。这里用到三个方法，分别是用户调研、竞争对手、直接去排查上下游。一般竞争对手可以去研究竞争对手在哪里做广告和营销，他们努力的方向就是我们需要寻找的目标所在的地方。上下游去查，上游是购买你产品的人之前买了什么东西？然后是同行，就是购买你的产品的同时还买了什么？最后下游是购买你产品的人接着又买了什么，把上下游渠道全罗列一遍，就能找到很多渠道。

第三步：吸引目标。找到他们的购买路径。也就是审视你的客户在购买你的产品或服务的真实需求和好处，他们购买你的东西有什么好处，你有没有给客户提供解决方案。很多人对自己的产品自我感觉非常良好，但是市场是否喜欢，那就说不好了。在高速发展的今天，很多"我以为"的思维模式，已经不适合受众人群，要找到用户的痛点。

第四步：回访老客户。询问他们最初是从什么途径找到你们公司的，是出于什么原因购买。比如，有的是通过网站搜索或就近的门店来的；有的是通过亲戚、朋友、同事、同学等介绍来的；有的是对你的产品知名度有了好的印象来的；也可能是你们公司实力雄厚，所以也就让人信任你的产品。

最后，把从全流量中寻找到的目标客户进行分类，创建客户画像档案。给你的理想客户建立一个文档，描述他们具体的特征，并且设想这个人或这个企业是因为什么样的需求才找到你的业务。

了解目标用户要遵循"二八法则"，一个商家的80%的效益都是由20%的用户创造的。因此，这也说明并不是每一个用户对我们都是有价值的。

所以，当我们深入了解目标用户后，还需要将他们分层运营，对价值高的用户进行深层次维护，对用户价值中等的用户进行其他的运营手段，从而更好地提高我们的营销转化率。

02. 打造良好的用户体验

随着产品市场被不断细分，消费者的心越来越难以被抓牢，为满足消费者越来越个性化、小众、细分的需求，企业、品牌们无所不用其极，各大品牌营销越来越关注"个体""体验""氛围"，总之，给用户好的体验成为必修课。

打造良好的用户体验对于产品营销至关重要。以下是不同领域的企业通过创新和精心设计来提升用户体验的案例。

苹果公司一直以卓越的用户体验而闻名。他们通过简单易用的产品设计和精美的界面设计，以及完善的售后服务，赢得了大量忠实的顾客。无论是iPhone、iPad还是Mac，苹果都致力于提供直观、流畅的操作体验，使用户能够轻松完成各种任务。

星巴克是一个致力于提供绝佳用户体验的品牌。他们的店内设计充满温馨和舒适感，咖啡和食品选择丰富多样，音乐和服务也让人感到愉悦。星巴克通过创造一个舒适的消费环境，使顾客能够享受到放松和愉悦的时光。

Uber通过简单易用的应用程序和快速的服务流程，让顾客的出行体验变得无缝和愉快。顾客可以通过应用程序迅速召唤车辆，查看司机信息和费用，以及享受安全和舒适的乘车体验。Uber的实时定位功能和支付系统也大大提升了用户体验的便捷性。

亚马逊通过快速的物流、简单易用的网站和应用程序以及良好的客户服务，满足了消费者对购物的所有需求。他们的个性化推荐系统能够根据用户的购买历史和浏览行为，为用户推荐相关的商品，提高了购物的效率和满意度。

数智化的媒体时代，信息爆炸，万物皆营销，人人可营销，传统媒体时代营销的三个基本特征——谁来做（营销的角色）、做什么（营销的执行）以及如何激励消费者（营销的范围），已被完全逆转或取代。

品牌的整体营销和销售个人的营销，都要给客户"绝佳体验"。在面对任何一个顾客，承诺绝不落下任何一位顾客，每个人都必须得到完整的体验。尽管体验要有一致性和重复性，但销售人员必须掌握一门艺术，让顾客觉得每次互动都像是为他们私人定制的一样。顾客的要求要铭记于心，而且要优先予以解决，直到他们不仅获得了满足，在意识上也受到这个积极结果的影响。

03. 寻找种子用户

新产品直接花钱做推广的成本一般比较高，但只要找到种子用户，通过不断地维系种子用户，有了口碑的积累和势能的积累后，再去做推广的效果才会更好，可以获得很好的用户增长。种子用户一般是指回头客或老客户，是活跃度高、值得信赖的人，他们本身对产品的品牌和产品就有基础的信任，或者信任店长的人品。

产品的种子用户，顾名思义，是指在产品或服务早期，已经对产品或服务产生兴趣、愿意尝试并分享的用户。这些用户通常是在产品或服务开发初期，通过各种渠道吸引到的第一批用户，他们对于产品或服务的反馈和意见对于产品或服务的成长和迭代具有重要影响。

下面以江小白为例。

江小白最开始的定位是年轻人的市场，他们寻找的种子用户也是想要表达和发泄情绪的城市年轻人。把"产品—用户—场景"联合起来，做了江小白式的"我有一瓶酒，有话对你说"表达瓶，让在喧闹城市中的人，内心的孤独、急于向上的焦虑、强烈的自我表达欲望，以江小白为媒介，成为人发泄、倾诉的最好载体。当拥有了第一批用户之后，他们在社交媒体触发的传播效应，很快使得江小白名声大噪。

目前，营销进入多元化的大竞争时代，单纯的产品，已难以形成核心竞争优势，更无法在成千上万个同类竞争品类（牌）中获得首选位置。用户可选择的太多，以至无法快速作出决策，导致产品也很难在第一时间占据消费者心智。

在选择种子用户的时候，要分析这些用户的特点。

要与商家的目标用户特征相匹配。例如，如果商家研发出一款牛肉饼，那么素食主义者一定不是种子用户。

选择对产品是认可和喜爱的，甚至对这个产品领域都是很感兴趣的人群。

他们踊跃积极，对于产品的使用感受和完善调整建议，会积极给予商家反馈。

互联网时代，用户的参与积极性空前提高，而种子用户更要具有这种乐于跟商家进行互动沟通的特点。

种子用户的作用主要体现在以下三个方面。

（1）种子用户是产品早期的直接体验者，他们的反馈和建议对于产品的改进和优化至关重要。

（2）由于种子用户对产品或服务有深入的了解和体验，他们往往会成为产品或服务的口碑传播者，带动更多潜在用户关注和购买。

（3）种子用户的使用情况和反馈可以验证产品或服务的市场接受度和可行性，为产品的后续发展提供参考。

为了找到和吸引产品的种子用户，可以采取多种策略，如通过社交媒体、行业论坛、专业机构等渠道进行宣传和推广，同时也可以通过与潜在用户进行互动和沟通，了解他们的需求和反馈，从而不断优化产品和服务。

04. 线上销售，只吸引不骚扰

在进行线上销售时，确保只吸引潜在客户而不骚扰他们是一个关键原则。所谓的骚扰，即强行推销产品。很多线上销售一来就是一通广告，不管是在朋友圈还是私聊，广告刷屏，强力引流。这样的方法，不仅卖出的东西有限，还会在顾客心中留下负面印象。广告轰炸、群发私聊，即使有一两单成交，顾客也可能因为不喜欢这种方式而选择屏蔽或拉黑，导致线上销售的空间越来越狭窄。

线上销售的本质是提供一个平台，让消费者能够自主浏览和选择所需产品。强行推销产品会破坏这种选择的自由性，使消费者感到被束缚和压迫。在一个以消费者为中心的市场环境中，尊重消费者的选择权是至关重要的。强行推销产品往往会引发消费者的不满和反感，进而损害品牌形象和声誉。一个优质的线上销售平台应该通过提供高质量的产品、优质的服务和良好的购物体验来吸引消费者，而不是通过强行推销来实现销售目标。

第六章 "裂变"——数字时代的营销策略新篇章

大多数国家和地区，都有法律法规明确规定禁止强行推销产品。线上销售平台必须遵守相关法律法规，不得采用欺诈、误导、恐吓等手段进行推销。此外，道德准则也要求我们在商业活动中保持诚信和公正，尊重消费者的权益和利益。

强行推销产品往往只能带来短期的销售增长，但无法实现长期可持续发展。一个成功的线上销售平台应该注重与消费者建立长期、稳定的关系，通过提供有价值的产品和服务来赢得消费者的信任和忠诚。这种关系需要建立在相互尊重和理解的基础上，而不是通过强行推销来实现。

线上销售的本质是社交电商，必须先建立社交关系，才能进行商业活动。如果没有一定的社交基础，直接进行商业推销，就会遭到顾客反感。

如何能做到引导别人而不是去打扰别人呢？演员董洁的做法具有参考价值。

董洁在小红书上营造吸引别人的人设，主要依赖于她对时尚品类的深度理解和个人魅力的展现。

董洁首先会深入了解平台的发展趋势、特点以及热门领域，明确自己的目标受众，并研究哪些类型的平台博主更受欢迎。然后根据自己的专业背景、头衔和擅长领域，明确自己在电商平台上的定位，主要聚焦于时尚品类，特别是小众设计师风格的商品。她会通过真实的自我展示，包括分享个人经历、故事和生活方式，来塑造一个既有优点也有不足的真实形象。这样的形象更易于与粉丝建立信任关系。她会积极与粉丝互动，回应评论和私信，增强与粉丝的连接感。同时，她也会关注粉丝的反馈和需求，不断优化自己的内容和人设。

在这个眼花缭乱的时代，真正能够对别人产生吸引力的，唯"美"不破，人性慕美。拍真实好看的产品照片，可以提供给看客视觉上的享受，能够满足注意力一瞬间的情绪价值。因此，能瞬间吸引到注意力停留，被看见才能有机会被连接。

不要停留在卖货阶段，市场从来不缺货，缺的是把货卖好的人。

05. 直播带货先卖人设再卖产品

在直播带货的领域中，先卖人设再卖产品的策略是非常常见的，也是相当有效的。这种策略的核心在于通过塑造一个具有吸引力、值得信赖的人设，来增强消费者对主播的信任和好感，进而促进产品的销售。

在开始直播带货之前，主播需要明确自己的人设定位，包括确定自己的风格、专长、价值观以及想要传达给消费者的形象。例如，如果主播是时尚领域的专家，那么其人设定位则是时尚达人或潮流引领者。

在直播中，主播需要通过言行举止、穿着打扮、背景布置等方面来塑造自己的人设形象。这需要主播对自己的定位有深入的理解，并能够在直播中自然地展现出来。例如，时尚达人在直播中可以展示自己的时尚品位和搭配技巧，通过分享个人心得和购物经验来吸引粉丝。主播需要积极与粉丝互动，回答他们的问题，解决他们的疑虑，从而建立起一种信任关系。这种信任关系能够让粉丝更加信赖主播的推荐和介绍，提高购买的意愿。

例如，董宇辉作为直播带货界的佼佼者，其成功在很大程度上归功于他精心打造的人设。

董宇辉在新东方执教 8 年，对中华传统文化有着深厚的热爱和了解。在直播中，他巧妙地将这些知识融入产品介绍中，使得直播带货不只是简单的商品推销，更是一次文化的传递和分享。这种知识型的人设使得董宇辉在直播带货领域独树一帜，吸引了大量追求文化品位的消费者。他通过分享自己的经历、故事和感受，让观众感受到他的真诚和热情。同时，他也善于倾听观众的声音，回答他们的问题，解决他们的疑虑，从而建立起一种深厚的信任关系。这种情感连接让观众更加愿意相信董宇辉的推荐和介绍，提高了购买的意愿。

董宇辉的直播风格清新脱俗且充满文艺范儿。他的语速不徐不疾、恰到好处，语言组织能力和表达能力都很强，常常是妙语连珠。他善于营造意境和氛围，用文化直击内心，让观众在享受购物的同时也能感受到文化的熏陶。这种独特的风格使得董宇辉在直播带货领域脱颖而出，吸引了大量追求品质生活的消费者。他善于用场景化的体验描述为产品赋予情感、故事和价值，使得产品更加生动和有趣。同时，他也注重产品的品质和性价比，为消费者提供优质的购物体验。这种对产品的深入了解和精心包装使得董宇辉的直播带货更加具有说服力和吸引力。董宇辉在直播带货的过程中不断学习和提升自己的能力。他关注市场趋势和消费者需求的变化，不断调整自己的直播内容和策略。同时，他也积极参与各种培训和交流活动，不断提高自己的专业素养和综合能力。这种持续学习的精神使得董宇辉在直播带货领域始终保持领先地位。

现在做直播的平台和人都非常多，打造一个不一样的人设才能吸引粉丝。所以问问自己，同样一个产品，你能用哪种方法讲得出彩？同样一个领域内的东西，你和别人讲的有什么不同？可能是你讲得更深入，也可能是你的案例更生动，又或者是你的表现形式更好（如你会做动画，你的声音特别有磁性，或者你的形象特别让人印象深刻）？差异化的人设才是长期吸粉的关键。差异性可以通过不断学习创新的办法来实现，在说话方式上下功夫学习，在视频录制灯光上更注意一些，如你的视频录得比别人更清晰，你的音频中噪声处理得比较好，这些都是差异性，都是优势。

差异化不仅是个人的差异化,还需要寻找你想进入的领域的差异,无论是电商带货的直播还是游戏直播,无论是在户外直播还是娱乐直播,要列出市场对你想进入的主播的所有需求,然后找到消费者的兴趣点,最后尽量发挥想象力,分析竞争对手,找到对应的人群。对于粉丝的需求要做大量的分析,严格筛选出粉丝心理需要按照某一想法做思维导图列举出来,开发脑洞,提取出有价值的关键词,再结合自身进行发展。

06. 短视频营销的"要"与"不要"

线上营销短视频可以说是一个快速发展的时代,短视频营销已经成为这个时代人人都知道的事情。

短视频近几年迎来爆发式增长,成为一种全民生产、参与、共享的文化现象。中国互联网络信息中心的数据显示,截至2022年12月,我国短视频用户规模突破10亿人,用户使用率高达94%。短视频适应新媒体营销时代的大众需求,迅速兴起与火爆,成为企业营销重要的手段之一。

短视频看似短小,信息含量却大,能够迎合当下受众快餐化的信息需求,所以能够在短时间内积累大量的粉丝,具备了产品变现的基础。短视频变现的方式不止一种,如直播带货、店铺推广、活动推广、广告植入、线下引流等,使目标群体从短视频受众转变为商品消费者。

虽然短视频营销已经尽人皆知,但真正从事短视频营销的,也需要遵循"要"和"不要"的原则。

第一,明确你的目标受众要"准"不要"泛"。虽然十几亿人在上网,但你不要考虑赚所有的人钱。要精准定位自己的目标受众，了解他们的年龄、兴趣、消费习惯等信息，以便你能够制作出更符合他们口味的短视频内容。结合目标群体的兴趣爱好，给短视频设置辨识度、准确度高的分类标签，以便用户精准搜索和平台推荐而获得较高流量。

第二，内容要"聚"不要"散"。短视频的内容应该具有吸引力、有趣、有用，能够引起目标受众的共鸣。你可以通过讲述故事、展示产品使用场景、分享专业知识等方式来制作内容。同时，注意视频的画质、音效、剪辑等方面，确保视频质量上乘。要做到内容上聚焦，短视频的内容务必简单明了，短视频中不要强调太多内容，尽量简单直白，让人一看就懂。在短视频平台上，你可以通过投放广告来增加你的曝光度。在投放广告时，要确保广告内容与目标受众的兴趣和需求相匹配，并选择适当的投放时间和位置。但无论如何选择投广告的时间和位置，都要围绕品牌价值和受众展开。同时，内容要接地气，言之有物，不可泛泛而谈，华而不实。

第三，创意要"妙"不要"糙"。富有创意的短视频才是在众多短视频中脱颖而出的基础。在短视频的创意策划中，要讲究妙，不要粗制滥造。可以通过追热点、设悬念、搞笑幽默、提问等方式引起大家的好奇。

第四，推广要"软"不要"硬"。现在早已不是硬广走天下的时代，真正的广告要达到"润物细无声"的效果，让人不知不觉就接受了广告内容。你可以将短视频分享到社交媒体上，并邀请网红或意见领袖来推广你的内容。这可以帮助你扩大影响力，吸引更多的目标受众。

除了重点关注以上四个方面外，短视频营销的互动反馈以及数据分析也很重要。

在短视频营销过程中，与观众互动是非常重要的。你可以通过回复评论、私信互动等方式与观众建立联系，了解他们的反馈和需求，并根据这些反馈来优化你的营销策略。

通过数据分析工具来监测你的短视频营销效果。你可以了解视频的播放量、点赞量、评论量等数据，以及观众的观看时长、跳出率等信息。这些数据可以帮助你了解你的营销策略是否有效，并为你提供改进的方向。

07. 数字时代，销售在"人文货场"中的角色

在数字时代，营销一直在不断发生变化，被称为"人文货场4C营销"，是一种在数字化时代提出的新营销模式，它在传统的"人货场"营销模式的基础上引入了"文"（即内容，Content）这一要素，从而形成了包含人（Customer）、文（Content）、货（Commodity）、场（Context）四个维度的4C营销模式。

这种模式从品牌（品牌资产—品牌收入）和顾客（获得顾客—维持顾客）两个维度，通过触达与吸引、转化与购买、满意与分享、再购与升级四个相互递进的环节，完整诠释了数字化时代企业的全链路营销闭环。

具体来说，人文货场4C营销中的四个要素各自承担着重要的角色。

"人"指的是购买者，是能够为电商体系带来消费用户的外部参与者，也是流量方。

"文"即内容，它是营销中不可或缺的一部分，通过优质的内容来吸引和保持消费者的关注，进而促进销售和品牌传播。

"货"指的是商品和服务，是能够为电商体系提供商品的外部参与者，即供给方。

"场"则是平台构建的交易场所，包括交易场景及交易服务，是连接

消费者和商品的桥梁。

在"人文货场4C营销"中,企业需要关注并满足消费者的需求,考虑消费者的购买成本、购物便利性以及与消费者的沟通。通过创造有价值的内容、提供优质的商品和服务、构建便捷的购物场景以及加强与消费者的沟通,企业可以更好地实现营销目标,提高品牌价值和市场竞争力。

在"人文货场4C营销"中,销售扮演着至关重要的角色。销售作为连接企业与顾客的重要环节,在"人文货场4C营销"中发挥着以下四个关键角色。

(1)销售人员是了解顾客需求的第一人。他们通过与顾客的接触和交流,深入了解顾客的需求、期望和偏好,为企业提供宝贵的市场信息和顾客反馈。这些信息对于企业制定符合顾客需求的营销策略和产品策略至关重要。

(2)销售人员不仅仅是产品的传递者,更是顾客价值的传递者。他们通过向顾客介绍产品的特点、优势和使用方法,帮助顾客理解产品的价值和意义,从而增强顾客的购买意愿和忠诚度。同时,销售人员还需要关注顾客的购买成本,包括时间成本、金钱成本和心理成本等,确保顾客在购买过程中获得最大的价值。

(3)销售人员需要关注顾客的购物便利性。他们通过提供多样化的销售渠道、灵活的支付方式和优质的售后服务等,为顾客创造便捷的购物体验。此外,销售人员还需要关注顾客的购物场景和购物体验,确保顾客在购物过程中感受到舒适和愉悦。

(4)在"人文货场4C营销"中,沟通是非常重要的一个环节。销售人员作为企业与顾客之间的桥梁,需要积极与顾客进行沟通和交流。他们通过倾听顾客的声音、解答顾客的疑问和提供个性化的建议等,与顾客建立信任和关系,为企业的品牌建设和市场推广提供支持。

总之,销售在"人文货场4C营销"中扮演着顾客需求的理解者、顾客价值的传递者、购物便利的提供者和顾客沟通的桥梁等关键角色。通过充分发挥这些角色，销售人员可以为企业创造更多的价值，提高企业的市场竞争力和品牌影响力。

08. 优秀的销售不是职业，是"IP"

在当今的商业环境中，优秀的销售不再仅仅被视为一种职业，而是逐渐演变成了一种具有独特魅力和影响力的"IP"。这里的"IP"并不仅仅是指传统意义上的知识产权，如专利、商标或版权，而是指一种独特的、具有辨识度的个人品牌或形象。

在人人都是自媒体的时代里，IP已经变成了一个符号、一种价值观、一个具备共同特征的群体、一部自带流量的内容。无论是一个普通的职员、一个家庭主妇，还有一个卖花的小店主、一个线下门店的导购员，都可以把自己的热爱运营成事业、把自己做成一个产品或品牌。个人IP就像一张名片，一张向陌生人递出的信用名片。个人IP积累到一定程度时还可以成为影响力，成为变现的重要途径。个人IP一方面可以增加收入，另一方面可以让个人规划有目标和可执行性，从而不断驱动自己向更深的领域、更大的舞台迈进。

微信创始人张小龙曾说"再小的个体，也有自己的品牌"。个人IP打造就是在打造自己的品牌形象、打造对外的一张价值交换名片。如果粉丝越多，IP价值就越大；信任的人越多，生意就越好做。

现在的企业做销售，不再需要几百几千个人来进行。一个人、一台电脑甚至一部手机，就能卖出几百万来。所以，销售的模式在改变，我们的认知也要改变。销售最开始不是卖产品，而是卖自己。

通过研究企业商业模式的进化，你就会发现，创业做传统企业做10亿元的生意需要至少1000人；创业做电商做10亿元的生意，可能最多需要100人；网红企业要做10亿元的生意，只需要10多人，甚至更少的人。这已经把当下打造个人IP影响力诠释得很清楚了，也从另一个侧面说明了一个问题，个人IP的崛起也给企业和商业带来了不可限量的价值。

观察这些快速崛起的个体，我们就会发现，他们有一个共同的特点，那就是他们都有属于自己的个人品牌。因为这个独特的个人品牌，从而快速聚集了一批忠实的粉丝。李佳琦、罗永浩有自己的粉丝，这些粉丝能为他们带去上亿元的销售额。这样的奇迹与能量放在之前是不敢想的，而现在都成了现实。

所以，销售就是卖自己的个人IP。

典型的销售成为"IP"的案例是知名美妆博主或美妆达人。这些美妆博主通过分享自己的化妆技巧、产品评测、护肤心得等内容，逐渐在社交媒体上积累了大量的粉丝和关注度，形成了自己独特的个人品牌或"IP"。

以某知名美妆博主A为例，她起初只是一个热爱化妆和分享的普通女孩。然而，她凭借自己对美妆的热爱和专业知识，开始在社交媒体上发布化妆教程、产品试色、护肤心得等内容。她的内容真实、有趣且实用，也吸引了大量粉丝的关注和喜爱。

随着粉丝数量的不断增加，这位美妆博主的影响力也逐渐扩大。她开始与各大美妆品牌合作，进行产品推广和代言。她的推荐和评测成了粉丝们购买美妆产品的重要参考，她的影响力甚至能够推动某些产品的销量。

此外，这位美妆博主还通过开设自己的网店、举办线下活动等方式，进一步扩大了自己的商业版图。她的个人品牌或"IP"已经不只是一个美妆博主，更是一个涵盖美妆、时尚、生活方式等多个领域的综合性品牌。

当一个人有了辨识度和知名度，随之而来的就会让人产生信任，人们开始相信你说的话。当你的账号具有了一定的影响力时，你在自己的领域就会具有一定的名气，用户就会对你产生信任感，因为人们相信你说的话。因此当你成为某个领域的大咖时就可以利用这个优势来增加粉丝的信任感，获取用户的认可，从而提高你在他们心中的地位。

所以，当你开始做销售的时候，把卖东西的思维先往后放，先学会卖自己。当把自己成功地打造成一个"IP"的时候，卖东西就成了水到渠成的事情。

09. 卖东西之前先与客户建立联系

以前的消费者就是消费者，但现在他们却可以是经销商、合伙人、公司股份持有者。他们对待产品的态度，也从单一的购买转变为分享和创业，这种与之前截然不同的改变，可以说是瞬间颠覆了生意的传统概念。消费者不仅可以自己完成消费，还可以带动其他人进一步裂变消费。因此，现在的销售也不单纯地把自己定义为销售，而是建立客户关系的推动者和中间人。

以"帆书"App为例。

樊登从创业之初靠的就是通过对最初少量的精准用户建立了关系，然后慢慢去裂变，最后成就了规模用户，打造了以读书为专业的商业闭环。樊登在回顾创业初衷的时候，说了两件触动他的事，一件是有个房产商没时间读书，雇别人读书给他听；另一件是他的，因为读书多、喜欢读书，所以身边有很多朋友和听过他讲课的学生，经常找他开书单，请他推荐一些书来读。樊登从中发现了巨大的商机：既然这么多人想读书，却没有时间或者毅力坚持读书，我干脆做一个解读者或者领读人好了，带着大家一起读书。

2013年，樊登尝试建了一个微信群，这是与客户建立关系的初始操作，在群里给听众讲书，愿意听的人付费进群，第一天进来500人，第二天就变成了两个群。就这样，樊登读书会与最初的种子用户建立了关系。樊登对内容付费经济有着清晰的洞察，他曾说过，"从一开始，我们就觉得内容收费不是靠用户自觉的，应该靠朋友推荐或者他人推荐的"。于是，樊登读书跟核心用户深度捆绑在一起，更好地驱动他们加速品牌和社群的裂变推广。与传统经销体系不同的是，他们与樊登读书会之间不仅是一种代理和商业合作的关系，还有一种狂热的情感在里面。他们崇尚樊登的学识，认同樊登读书会的价值观，并且每个人都从中获益过，愿意将自己的感受和体验分享给他人。于是，从最初的1000多用户裂变成了规模用户，从而成就了樊登读书。

与客户建立关系需要搬开心中的一块巨石，那就是：客户永远是强势方，销售人员和客户是不平等的。事实上，销售和客户是平等的关系，双方之间没有谁强谁弱，只有相互之间是否可以满足各自的需求。销售与客户是互帮互助、相互平等的关系。因此，在建立关系上不要有低人一等或仰视客户的心理压力。

首先，在销售过程中，可以投其所好，在沟通过程中可以采用一些高情商沟通术如赞美等，以此有一个良好的开端。

其次，要找到与客户的相同点。但凡能够在一起和谐共处的人，往往都是同频的人，要尽可能找到与客户能够产生同频的那个点，这样自然会有更多的共同话题。

最后，每个客户都是独特的，他们有不同的需求和偏好。通过提供个性化的服务，你可以让客户感受到被重视和关注。例如，你可以根据客户的购买历史和偏好推荐适合他们的产品或服务。与客户保持联系是建立长期关系的关键。在销售过程中，定期与客户沟通，了解他们的反馈和意见，并及时解决问题。此外，在客户购买后，也可以提供售后服务和支持，以确保客户对产品的满意度。

10. 圈流量—码—券—社群

品牌能够稳固地占据用户心智，是因为它们有稳定的流量池。所以人们才有了"流量为王"的认知，就是只有拥有足够多的流量，才能带来可能多的用户，进而产生转化带来销售，销售 = 流量 × 转化率 × 客单价。传统的线下商场时代，坐拥一个交通便利、人流量大的黄金商铺是获得成功的重要条件。电商时代刚兴起的时候进入电商赛道的人不多，可以用极低的成本换取巨大的流量。但随着各种商家的涌入，瓜分流量的人开始变多，电商红利期消失，想要获得更大的流量，需要用各种付费推广的形式才可以，所以线上获得流量和线下获得流量变得都不太容易。

很多人都抱怨，获取流量的成本太高，没钱很难做推广。想要获得流量，需要开阔思路，不要把流量的来源局限于花钱买推广这一条路。不论是大品牌还是小品牌，流量的来源大同小异。

数字时代引流的方法，无外乎通过圈流量、扫码、发放优惠券、建立社群等几个关键步骤进行。

圈流量，即通过温养的方式来获取流量。这通常涉及先通过公益手段运作吸引客户入群，如发放礼品或书籍、公益讲座、低价引流课等。客户进入社群后，通过社群的运作，提供有价值的内容，将部分客户转化为上门量或可被转化的资源量。

码和券指的是用流量宝生成的红包拓客二维码，即领取红包的二维码，用于将线下用户引到线上"流量池"蓄客。一券则是流量宝正在迭代研发的各种优惠券，用于将线上用户引到线下"交易场"转化。

社群通常指的是一组有着共同兴趣、目标、价值观或者特征的人们所组成的集合。在社群中，成员之间可以进行交流、互动、分享信息、合作等活动，形成一个相对稳定的社会群体。社群可以是基于兴趣爱好、行业、地域、年龄、性别等方面的群体，也可以是基于某个品牌、产品或服务的用户群体。社群具有自组织性、互动性和共享性的特点，成员之间可以通过互动交流获得信息、知识、经验和资源，从而实现自我提升和价值创造。

例如微商的多级代理和朋友圈卖货，方法虽简单直接，却抓住了那个时候个人微信号的红利。这些可以被自由支配的个人微信号，就是自己的私域流量。再后来，很多淘宝店主开始往个人微信号导流量了，也有不少淘宝商家会在快递包裹里面塞上加微信送红包的小卡片，直接引导消费者添加微信个人账号，然后送 2~5 元的现金红包，就是非常典型的私域流量引流方式。私域不是拉群和建立小圈子，私域的核心是信任，就是用户对你的信任，无论你卖什么都会支持你，每个创业者都可以通过自己的粉丝去建立自己的超级用户。

再比如，现在无论是短视频营销还是直播带货，都有加粉丝团这样的邀请，这其实就是一种通过发券发码进社群的操作。

有了一定的粉丝流量以后，你还要塑造 1 对 1 的场景，不要经常群发你的产品的信息和广告，那样说明你并没有把你的流量当回事。就像过春节你收到一个人群发的祝福短信，不但不会感动反而会无视。所以，你要给你的粉丝带去感动，用心去经营自己的产品文案，即使要去做广告，也要动动心思，而不是盲目又粗暴地群发。铺天盖地群发广告，不如很走心地发给十个人，这样带来的回报更可观。

所以，想要构建优质的私域流量，就离不开八个字，那就是"释放价值，无问东西"。像我们知道的，专业的东西免费释放给粉丝，私域流量池就会渐渐形成，赚钱就成了水到渠成的事。不少人做反了，自己输出的东西一点价值都没有却只想着赚钱，人都不傻，谁都不会为没有价值的东西买单。不管什么时代，为客户创造价值是目标，赚钱是结果，钱只是衡量价值的一种工具，是我们事业做成之后的结果。如果总以赚钱为目的，总选择最容易的路走，这样不仅赚不到钱，最后还会往往无路可走。

构建私域流量就是圈起自有的小型商业活动，你想赚钱，肯定是有人花钱，这个花钱的人叫作客户。客户为什么给你钱？因为你有用。客户为什么给你大钱？因为你有大用。客户为什么持续给你钱？因为你持续有用。物以稀为贵。你之所以不贵，是因为平庸。没有独特价值，哪来利润空间？与其追赶流行，不如潜心根本。什么是你的根本？就是你的独特价值，这才是你安身立命的根本。对于老用户，要每年给予他们回馈，维护老客户的成本要比拓展新客户的成本低很多。

构建私域流量的目的是营销变现，所以到了这一步需要诱导用户下单变现，如拼团抽奖、优惠折扣、新品体验、限定秒杀、生日折扣等。可以线上线下互动进行营销活动，线上促销引导用户线下消费体验，同时通过社群链接线上线下，建立以复购率和下单量等为核心的体系，完成私域流量闭环。在搭建好私域流量池后，可以引入其他交易平台来提升变现能力，比如淘宝、京东、抖音快手小红书等平台上的品牌店铺，也可以通过美团、饿了么等O2O交易账号，还有不少品牌注册自己的小程序，这些都可以作为私域流量的导引平台。

私域流量就像自己建的鱼塘，你的鱼能否养得好，取决于你的维护。维护不是简单的互动，而是需要对用户进行专业化、有价值的信息分享引导，甚至要为你的用户答疑解惑。私域流量的销售转化，是建立在客户信任、产品靠谱、服务高效的基础上的。所以加客户微信、建微信群或粉丝拉新等只是第一步，后续的运营、服务才会决定销售是否可转化和长久。

第七章 "精细"
——提升服务,处理异议

01. 极致服务就是极致营销

销售与服务乃同一个硬币的两面，服务质量才是决定销售成交的关键因素。相比单纯的产品销售，提供优质的服务可以更轻松地赢得客户的支持与信任，从而实现交易。

在消费者选择产品或服务时，他们不仅关注产品本身的质量和价格，还非常重视购买和使用过程中的体验。极致的服务能够提供给消费者一种愉悦、顺畅和超出期望的体验，这种体验能够增强消费者对品牌的认知和忠诚度。

当消费者享受到极致的服务时，他们往往会将这种体验分享给亲朋好友，形成口碑传播。口碑传播是营销中非常有效的方式之一，因为它能够直接触及潜在消费者，并增加他们对品牌的信任度。

让用户体验美好看似简单，但实际做起来并不容易，这需要企业给予用户超预期的服务，让他们形成强烈的满意度，然后用户才会觉得你好，从而爱上你的品牌和服务，成为你自动的口碑宣传员。

商品经济时代人们把更多的注意力放在生产什么、怎么把生产出来的东西卖出去并且卖得更多、利润更大，主要关注点都集中在产品、价格、渠道和促销上面。随着消费的升级和时代的变化，互联网的便捷和新零售打通线上线下全渠道，这使得渠道更广泛，产品和服务在哪儿都能买得到，于是消费者的需求就开始变为"买得好，买得爽"。如果品牌和销售还仅仅是注重产品和渠道以及价格上面的话，无疑会使边际效益越来越低。虽然产品和质量依然不容忽视，但消费者选择商品的时候，可选的范围太广了，最后能够驱动消费者的一定是服务、一定是选购产品或服务过程中的体验。

例如，李先生准备购买一款轿车，周末兴致勃勃地打电话给A品牌店，想约好去试驾，以为销售人员会热情接待，令李先生没想到的是对方没说几句就急于挂断，因为周末现场有很多看车试车的客户，销售人员忙于现场接待，就无暇顾及一个普通的热线咨询，也没有更多的耐心。被挂断电话的李先生十分不悦，于是在朋友的怂恿下改去看L品牌。于是李先生给L品牌的销售人员打去预约电话，约好后他们出发先去看L品牌，在去的路程中，L品牌就打来电话，关心他们是否能找到，因为有个岔路很容易开错方向，等快到4S店的时候，接电话的店员和他的同伴已经提前到门口迎接，他们到了店里，备好了茶点，并开始详细地介绍李先生心仪的车型。当天试车的人也不少，现场井然有序，销售人员表现得既专业又周到，不但让李先生试驾了心仪的几款车，同时还推荐了店里最新款车型以及优惠活动。结果，李先生本来打算买A品牌车，结果开了一辆L品牌的轿车，李先生对他的朋友说："我还没买A品牌，体验都不好，买了后也不会更好。选择L品牌，就是相信他们的服务。"一辆80万元的轿车，最后客户的选择是因为L品牌的服务周到，赢得了客户的认可，从而达成交易。

由此可见，销售是否做得好，不一定是说得有多好，优惠力度有多大，更多的时候客户需要的是体验感是否良好。

华为的售后服务做得很好，也力求带给客户不错的体验，前几年，苹果的体验店得到很多年轻消费者的追捧，这几年，华为的体验店和售后维修店的体验也是非常细致温暖。在华为维修手机，等待的间隙，工作人员会主动巡场，为久等的客户送上一杯温水，维修好手机，店员会主动地询问是否需要重新为手机贴膜，只需要几分钟，崭新的手机屏幕交给客户，如此周到的小细节往往都会得到客户的连连感谢。因此，华为手机也成了继苹果手机之后，收获最多粉丝的品牌。

对于服务本身而言，我们并不陌生。在经历了市场激烈的竞争之后，服务所表现出来的价值，已经不再是简单地为产品带来影响。服务从战略的层面让企业和顾客之间构建了一个全新的关系。这种关系决定了顾客价值真正的体现，而不是企业或者产品价值的体现。因此，我们讨论的不再是一个做法的创新、一个理念的传播，而是企业整体运营对于服务的体现，销售整体思维的学习和转变。

02. 成交不是绝交，售后管理也是营销

消费者买东西最怕的就是出现问题找不到人，消费之前无论营销手段多高明、营销人员多卖力，一旦消费者买到东西觉得体验不好，或者使用起来不顺畅，找到售后服务却不能及时给予处理，那么这个产品和品牌就在消费者心目中打了折扣，只有消费者觉得服务到位了才算是达到了真正的性价比。真正性价比高的产品不仅要求商品品质和附加值，服务也是体现性价比的关键因素。

有句话说，售后是下一次销售的开始。从企业角度来看，售后是企业运营的成本。因此售后服务做得好，可以减轻企业运营成本，有利于企业运营。事实上，站在用户视角，售后是驱动他复购的理由。所以，售后服务不是企业经营的额外成本，而是驱动用户复购的营销费用。售后服务是回头客战略的重要手段。

成交有时候不是结束，恰恰是开始，是客户对品牌和销售建立信任的开始。如果售后做得好，会让客户多了很多好感，从而对品牌和销售产生更多的认可。

不少优秀的公司都是把售后管理作为营销的重要组成部分去对待。例如：

苹果公司以其独特的 Genius Bar 服务而闻名。在苹果零售店中，Genius Bar 提供了一个专门的区域，由经过专业培训的技术人员为客户提供技术支持和维修服务。这种服务模式不仅解决了客户在使用苹果产品时遇到的问题，还通过专业的服务和友好的环境提升了客户的整体购物体验。通过这种方式，苹果成功地将售后服务转变为一种竞争优势，并吸引了大量忠实的粉丝。

亚马逊以其卓越的客户服务而著称。无论是通过在线聊天、电话还是电子邮件，亚马逊的客户服务团队都能够迅速响应客户的问题和需求。此外，亚马逊还提供了灵活的退货和换货政策，以及个性化的购物推荐和会员服务，如 Prime 会员。这些服务措施使亚马逊成了一个备受信赖的购物平台，并帮助其在电商领域取得了巨大的成功。

特斯拉采用了直营模式，并通过其强大的售后服务体系来维护客户的忠诚度。特斯拉的售后服务团队具备高度的专业知识和技术能力，能够快速响应并解决客户在使用电动汽车时遇到的问题。此外，特斯拉还提供了定期维护和保养服务，以确保车辆的性能和安全。这种直营模式和完善的售后服务体系使特斯拉成了电动汽车行业的领军者之一。

企业可以通过售后服务来提高企业信誉。优质的服务是品牌经济的产物，售后服务本身就是一种营销手段。当用户出现售后服务的需求时，如果企业能够提供周到的解决方案，来打动用户，不仅不会让用户流失掉，反而会培养出忠实用户，来促进用户复购。

售后管理在营销中扮演着至关重要的角色，其作用不仅限于解决客户问题，更是塑造品牌形象、增强客户忠诚度、促进口碑传播以及推动企业持续发展的重要手段。

优质的售后服务能够及时解决客户在使用产品或服务过程中遇到的问题，提供及时有效的帮助和支持。当客户的问题得到妥善解决时，他们的满意度会大大提高，进而增强对品牌的信任和忠诚度。

售后管理是品牌形象塑造的重要组成部分。通过提供及时、专业、友好的售后服务，企业能够展现出其高度的责任感和良好的品牌形象。这种负责任、关注客户需求的品牌形象能够吸引更多的潜在客户，提升品牌的美誉度和知名度。客户满意了往往会向他们的朋友、家人和同事推荐企业的产品和服务。良好的口碑传播能够为企业带来更多的潜在客户和市场份额，同时也有助于提升品牌的市场竞争力。

优质的售后服务能够与客户建立长期稳定的关系。通过持续的关注和支持，企业能够与客户建立深厚的信任关系，实现长期的合作和共赢。这种长期关系有助于企业稳定客户基础，降低客户流失率，提高市场份额。

及时的售后服务能够迅速解决客户的问题和疑虑，避免客户投诉和纠纷的发生。这有助于维护企业的声誉和形象，降低因客户投诉和纠纷带来的负面影响。

03. 好服务都满足哪些标准

好的服务不是以企业的标准为出发点，而是以客户体验为参照。客户对于服务的体验是好的，那么服务就是成功的。反之，客户的体验是差的，服务水平则需要提升。

客户体验可以分为不良、一般、良好、极好和绝佳，当然这些不同级的体验带来的影响也不同，能够提供拥有绝佳体验的服务的商家或企业不超过3%。

这其实也可以理解，因为极致的卓越本来就是凤毛麟角，就像海底捞的服务，也是首屈一指一样。

在不同客户体验上，客户的流失率和转介绍率差别很大。只要极好和绝佳的体验，才可能继续保留现有客户、打造回头客以及提高转介绍客户。

客户的体验包括产品质量、服务质量、售后水平等，只要客户与你的商品和品牌产生了交集，那么所有产生的互动，都可以称为体验。所以，体验不是发生在某时某刻，而是贯穿交集的全过程。在这个过程中感受到的东西最后形成对企业或品牌的看法，而看法又影响行动。

在新消费时代，如果品牌提供的产品或服务让顾客"无感"，这是一件很可怕的事。没有感觉就没有记忆；没有记忆就不会有主动传播。如果一个品牌的传播都需要自己去主导，成本则会特别昂贵。

当一个企业或品牌能够带给客户极好的体验，那么就会产生特色客户复制效应。

为客户提供优质服务时，通常应满足以下标准。

（1）及时响应。对客户的咨询、请求或投诉能够及时、快速地给予回应。避免让客户等待过长时间，特别是紧急情况。

（2）具备专业知识。销售或售后客服需要展现对产品和服务的深入了解，能够准确、专业地解答客户的问题，避免提供错误或误导性的信息。

（3）满足客户的个性化需求，提供定制化的服务。在与客户交流时，使用客户的名字和适当的称呼，以增加亲近感。保持友善、热情、耐心的服务态度，让客户感到舒适和尊重。避免使用粗鲁、不礼貌的语言或态度。

（4）具备提前识别和解决问题的能力。销售人员需要主动识别并解决问题，而不只是回答问题。在客户遇到问题时，要提供有效的解决方案或建议。用简单明了的语言与客户沟通，避免使用过于复杂或专业的术语，确保客户能够充分理解所提供的信息或建议。

（5）让客户容易找到解决问题的途径。提供多种联系方式，如电话、电子邮件、在线聊天等，以便客户能够方便地与您取得联系，确保这些联系方式始终畅通有效。定期收集客户的反馈和建议，以了解服务中存在的不足和需要改进的地方。根据客户反馈持续改进服务质量。

（6）超越客户的期望。不仅要满足客户的基本需求，还要努力超越客户的期望，提供超出预期的服务体验。这可能包括提供额外的优惠、赠品或增值服务。

这几年有一个很火的词叫"消费升级"。在过去几十年间，我们的消费市场一直在追求更低的成本和更高的效率，想为产品卖出更高的价格。所有人都意识到了某种变化正在发生，认为我们需要"升级"。但"升级"的方向在哪里？目标在哪里？我想就是消费背后的服务升级。如果企业能够在服务过程中首先想到给消费者一个极好的体验，那又何愁没有更好的发展呢？

04. 客户感觉满意才能带来口碑传播

有过购物体验的人都知道，看一看商品人们往往愿意去看"差评"，甚至一千条好评抵不过三条差评。优秀的销售人员知道做口碑的重要性，只有让客户感觉满意，他们才愿意口口相传。

赢得客户认可，不一定是价格，而是品质、服务与口碑。一次次客户的满意是销售最有成就的事，也是做得最成功的事。客户的好口碑是最好的广告。

相比传统广告或营销手段，客户的好口碑更具说服力。因为口碑来自真实的使用者，他们的评价往往基于个人真实的体验和感受，更容易获得潜在客户的信任。

满意的客户不仅会在亲朋好友中分享他们的正面体验，还可能通过社交媒体、在线评价平台等渠道广泛传播。这种口碑传播具有高度的自发性和扩散性，能够迅速扩大品牌的影响力。

口碑营销通常不需要企业投入大量的广告费用，就能达到很好的推广效果。因为客户的好评和推荐是基于他们对产品或服务的满意和认可，这种自发的传播方式比付费广告更加经济高效。

例如，Airbnb是一家知名的民宿预订平台，它通过独特的口碑营销策略，成功吸引了大量的用户和粉丝。Airbnb的社交媒体小组非常活跃，每天都会在各大社交媒体平台上更新用户在使用Airbnb时的照片和回忆。这些帖子分享了用户对Airbnb的好评和感谢，以及他们独特的住宿体验。

为了进一步扩大口碑传播的效果，Airbnb还鼓励用户在自己的社交媒体上分享他们的住宿照片和体验。用户可以通过标签、分享到朋友圈等方式，让更多的人了解到Airbnb的独特魅力和优势。这种用户生成的内容不仅真实可信，而且具有高度的互动性和传播性，能够迅速吸引更多的潜在用户。

此外，Airbnb还通过举办各种活动和赛事来进一步推动口碑传播。例如，他们曾举办"Airbnb摄影大赛"，通过鼓励用户分享他们在Airbnb住宿时拍摄的照片，并设置奖项来激励用户参与。这种活动不仅增加了用户的参与度和黏性，还通过用户分享的方式，让更多的人了解到Airbnb的品牌形象和服务质量。

通过以上口碑营销策略的实施，Airbnb成功吸引了大量的用户和粉丝，并成了全球范围内备受欢迎的民宿预订平台之一。这个案例充分说明了口碑传播的力量和重要性，也为企业提供了宝贵的启示和借鉴。

现在的经济既是体验经济，又是分享经济，二者关系十分密切。好的体验会被分享，糟糕的体验也会被裂变传播。

在分享经济热潮下，微信朋友圈、抖音、快手、视频号都成了现代人的主要社交场景，也成了重要的营销战场。

可以说，一张刷爆朋友圈有内容的品牌照片、一段小视频的传播，其影响力可能堪比乃至超越一个品牌市场部悉心打造的宣传活动。一旦客户遭遇一个不好的体验，这些社交平台也绝对是疯狂传播让企业臭名远扬的最好场所。

随着现在线上线下的共同发展，体验一旦不好，传播起来给企业带来的损失可能就无法估量了。一个普通的人朋友圈至少都有一百个以上的好友，最多的人可能有几千人的好友，如果其中有一个人有这种不良体验，发了一条朋友圈，有一半人可以看到，那么就会有50个以上的人知道这件事情，这50个人大部分再去转发了这条朋友圈，会有更多的人看到。除此以外，还有可能会在简书、微博等上面提到这件事，那样看到的人可能又不先是这几十个，所以这样的传播，有可能在短短几天之内让一家企业名誉扫地。

例如，加拿大歌手戴夫乘坐美航时托运的3500美元的吉他被摔坏，在经历了索赔无望之后，他把愤怒的情绪写成了一首歌，叫《美航毁了我的吉他》，并拍成了MTV。一天以内，点击量达到300万次，获得14000条评论。视频发布四天后，美航股价下跌10%，直接损失1.8亿美元。

2009年,《时代周刊》把这首歌列为了十大金曲。

有句俗话,叫"好事不出门,坏事传千里",意在告诫人们,"好事"因为正常,大家习以为常,不会刻意传播;倘若是"坏事",会顷刻传遍千里,招来千夫所指。

所以,作为销售人员、作为品牌企业,一定牢记"金杯银杯不如客户的口碑",努力打造服务水平,让客户满意才是企业追求的目标。

05. 售后的处理流程和技巧

销售人员做好售后服务是维护客户关系、增强客户忠诚度和促进业务增长的关键环节。作为销售,面向客户申请退款或退货是常态,进行售后的处理也需要遵循一定的流程和技巧。

售后处理流程一般包括以下步骤。

(1)当客户提出售后需求或问题时,要认真倾听并详细记录客户的反馈,包括问题描述、需求等。

(2)对于客户反馈的问题,要进行核实,确认问题的真实性、严重性以及是否属于售后服务的范畴。

(3)分析问题产生的原因,是产品质量问题、使用不当还是其他原因,以便有针对性地解决问题。

(4)根据问题的性质和原因,来制订相应的解决方案,如退换货、维修、补偿等。

(5)按照制订的解决方案,迅速实施并跟踪进度,以确保问题得到及时解决。在问题解决后,及时将处理结果反馈给客户,并询问客户是否满意。

（6）将售后处理过程进行归档总结，以便后续参考和改进。

售后问题是日常管理过程中比较棘手的问题之一，而真正的销售又是从售后开始，加上往往售后问题处理是否妥当直接影响顾客的满意度和忠诚度，所以，不但要掌握售后的流程，还需要掌握一定的售后技巧。

一般接到客户的问题，第一，要表达感同身受，可以说"我非常理解您的心情""我理解您为什么会生气，换成是我，也跟您一样的感受""给您带来不便，的确是我们应该积极面对的，请放心，我们一定会给您一个满意的答复"。第二，让客户感觉到被重视。可以说"您对我们业务这么熟，肯定是我们的老客户了，不好意思，我们出现这样的失误，太抱歉了"。第三，要把说话时的"我"替代"您"，比如"您的问题把我搞糊涂了"，换成"我不太明白，能否再重复一下您的问题"。"您搞错了"，换成"我觉得可能是我们的沟通存在误会"。第四，说话尽量嘴甜，例如"非常感谢您这么好的建议，我们会向上反映，因为有了您的建议，我们才会不断进步。""针对您刚才反映的情况我们店铺也会不断去改善，希望改善后能给您带来更好的服务。"第五，要学会拒绝。比如"先生/小姐，我很能理解您的想法，但非常抱歉，您的具体要求我们暂时无法满足，我会把您遇到的情况，反馈给相关部门，有了明确回复再与您联络"。

总之，售后的处理流程和技巧需要企业根据具体情况进行制定和实施，以提供优质的售后服务并赢得客户的信任和满意。

06. 提供个性化、差异化的服务方案

大部分的公司和销售人员在服务客户的过程中发现，提供个性化的服务会增加客户的忠诚度。个性化是取悦客户的一个关键方面，使其成为客户支持的一个不可否认的最佳做法。

在如今高度竞争的市场中，品牌要想获得用户的认可和信任，就需要提供用户体验更个性化和定制化的服务。

各行各业都明白向客户提供个性化服务的重要性，因此也都在积极践行。

某餐厅通过客户资料管理软件了解到某位客户对海鲜过敏，于是在为其推荐菜品时特别避开海鲜类菜品，并主动提供素食或特定食材的替代选项。餐厅还根据客户的口味偏好，为其定制专属菜单，包含客户最喜欢的菜品和口味。

某酒店服务员在打扫客户房间时，注意到客户喜欢阅读某类书籍，于是主动为客户准备了这些书籍，并在书桌上放置了书签和阅读灯。服务员还注意到客户习惯在睡前喝一杯热牛奶，于是每天晚上都会为客户准备一杯温热的牛奶，并放在床头柜上。

某旅行社了解到一位客户是素食主义者，于是在为其安排旅行团餐时特别提供素食选项，并确保整个旅行过程中的餐饮都能满足客户的素食需求。旅行社还根据客户的兴趣和偏好，为其定制了独特的旅行路线和活动安排，如参观当地的艺术展览或参加特色文化活动。

某零售店通过客户购物历史和偏好分析，为客户提供个性化的购物推荐和优惠活动。例如，当客户浏览某类商品时，系统会主动推荐相关商品或搭配建议。商店还为客户提供私人购物顾问服务，根据客户的体型、肤色和喜好提供专业的搭配建议和购物指导。

以上这些个性化服务的案例展示了企业如何根据客户需求和偏好来提供独特而贴心的服务，从而提升客户满意度和忠诚度。通过深入了解客户、关注细节并提供个性化的解决方案，企业可以建立更加紧密和持久的客户关系。

个性化服务的本质永远不是凭空创造的，而是用心地满足客户的潜在需求。

在现代社会，顾客的需求日益多样化和个性化，作为品牌经营者和销售人员，如何提供创新的服务，满足不同顾客的需求将成为关键。

07. 同行做的是义务，同行没做到的才是服务

真正的服务不只是完成基本的职责和义务，而是要超越同行业的标准，提供超出客户期望的个性化、优质体验。同行做的是义务，同行没做到的才是服务。

在这个竞争激烈的市场环境中，很多行业内的基本服务已经成为一种"义务"，即客户预期企业应该做到的最基本要求。然而，仅仅满足这些基本要求并不能使企业脱颖而出，并且不能获得客户的长期信任和忠诚度。相反，当企业能够识别并满足那些同行尚未做到或者未能充分满足的客户需求时，就能够创造出独特的竞争优势。

第七章 "精细"——提升服务，处理异议

企业在追求卓越服务时，需要聚焦于如何超越同行业的基本标准。首先，企业需深入洞察市场趋势和客户需求，以独特的视角发现那些尚未被满足的潜在需求。其次，通过持续的创新和研发，企业可以开发出具有竞争力的产品或服务，以满足这些特殊需求。此外，提供超越同行的服务还包括在细节上追求卓越。企业应从客户的角度出发，关注他们在使用产品或服务过程中的每一个体验点，通过优化流程、提升品质、加强沟通等方式，为客户提供更加便捷、舒适和个性化的服务体验。

例如，A女士搬家的时候可以预约搬家服务公司，让她感觉特别暖心。之前她也搬过无数家，每一次都是搬家公司问她有多少东西，需要几吨的车，每次她都答不上来，导致不是派的车大了就是小了，造成了搬家预算大幅度超支。这次搬家的时候搬家公司说先要抽出一天的时间亲自上门，查看需要搬走的家具和各类生活用品，并分类列出详细清单，然后根据实际情况，送来搬家时需要用到的不同尺寸纸板箱和胶带纸。为了避免搬家过程中家具和墙面的损坏，工作人员会先在大门、走廊处铺好防护膜。大小物品分类打包运到新家后，大件物品按要求摆放，小件物品会按原样摆放。为避免嘈杂的搬家声影响邻里关系，他们还会提前和邻居打招呼，提前说一些抱歉的话。这让A女士感觉十分暖心，不但自己的预算刚刚好，而且在整个搬家的过程中，她明显感受到了被尊重和礼遇，她的物品在到了新家之后也是分门别类都十分好找。这些服务细节让她第一次觉得搬家原来也能如此美好。

该案例中的搬家公司就做到了超越同行的服务。

再比如，星巴克咖啡作为全球知名的咖啡连锁品牌，在提供优质咖啡的同时，也以其个性化的服务赢得了广大消费者的喜爱。星巴克通过一系列创新的服务举措，成功超越了同行业的基本标准，为消费者带来了独特的体验。

其中一个显著的例子是星巴克推出的"My Starbucks Rewards"会员计划。这个计划不仅是一个简单的积分系统,还深入了解了会员的口味偏好、购买习惯和消费频率。基于这些数据,星巴克能够为会员提供个性化的推荐和优惠。比如,当系统发现某位会员偏爱某个口味的拿铁时,它会在会员下次光顾时主动推荐这款咖啡,并提供相应的优惠或奖励。

此外,星巴克还通过提供"定制咖啡"服务,满足了消费者对个性化口味的需求。顾客可以根据自己的口味偏好,选择咖啡豆的种类、研磨程度、咖啡的浓度、加入糖浆或奶泡等选项,定制出属于自己的独特咖啡。这种服务让顾客感受到了星巴克对他们的关注和尊重,也增加了顾客对品牌的忠诚度和满意度。

除了产品上的个性化服务,星巴克还注重在店内营造舒适、放松的氛围。店内的音乐、装饰、灯光等元素都经过精心设计,旨在为顾客提供一个放松身心的空间。此外,星巴克还提供了免费Wi-Fi、舒适的沙发和座椅等设施,让顾客在享受咖啡的同时,也能享受到舒适的环境和服务。

通过提供超出期望的服务,企业可以赢得客户的信任和忠诚,进而形成稳定的客户群体和口碑传播。这些客户将成为企业最宝贵的资源,为企业带来持续的业务增长和市场份额的扩大。因此,超越同行不仅仅是一种服务策略,更是一种企业文化和价值观的体现。只有不断追求卓越、关注客户需求、注重细节和建立长期关系,企业才能在激烈的市场竞争中脱颖而出,从而成为行业的佼佼者。

08. 海底捞服务模式中体现的销售理念

把服务做好的企业有很多,但被别人模仿不来,堪称服务界"天花板"的企业当数海底捞。

海底捞的核心理念致力于为顾客提供"贴心、温心、舒心"的服务。海底捞无论从企业文化还是每个员工,都有向客户提供"个性化"服务的意识和行为,这一行为远远超出了同行业的一般水平。

海底捞以其无微不至的服务著称。从客人进店起,服务员会主动迎接、引导就座,并递上热毛巾以清洁双手。在用餐过程中,服务员会不断关注客人的需求,及时更换餐盘、添加饮料,甚至为客人提供眼镜布、手机套等贴心小物件。这种细致入微的服务让客人感受到了家的温暖和关怀。

海底捞非常注重了解并满足顾客的个性化需求。比如,它允许顾客点半份菜品,以满足不同人的口味和食量需求;它还提供免费的美甲、擦鞋服务,以及为等待的客人提供零食、游戏等娱乐方式,让等待时间不再无聊。此外,海底捞还会记住常客的喜好,为他们提供定制化的服务。

海底捞通过一系列创新的互动方式,让顾客感受到品牌的独特魅力。比如,在部分门店,顾客可以通过平板电脑点餐、支付,甚至参与游戏的互动。这种创新的互动方式不仅提高了用餐效率,还增加了顾客的参与感和乐趣。

海底捞始终保持敏锐的市场洞察力,不断推出新的服务和产品来满足顾客的需求。无论是菜品口味的创新、服务流程的优化，还是环境氛围的营造上，海底捞都致力于给顾客带来更好的体验。这种持续的创新和改进让海底捞始终保持在行业的前列。

海底捞的服务员会主动为客户提供各种服务，如为长发女士提供橡皮筋、为戴眼镜的客人提供眼镜布等。此外，海底捞还提供了免费的水果、小吃和饮料等增值服务。这些细致入微的服务让顾客感受到了家一般的温暖和关怀，从而增强了顾客对品牌的忠诚度和口碑传播。作为销售人员，可以从海底捞的服务模式中归纳一下为自己所用的理念。

（1）海底捞的服务模式的核心在于深入了解并满足客户的需求。作为销售人员，你需要花时间倾听客户的声音，理解他们的真正需求和期望。通过有效的沟通，你可以更好地把握客户的需求，从而提供更精准的产品或服务推荐。

（2）海底捞的服务非常注重个性化，他们会根据每位客户的需求和喜好提供定制化的服务。作为销售人员，你也可以通过提供个性化的服务来增强客户体验。例如，你可以根据客户的行业、公司规模、购买历史等信息，为他们推荐最适合的产品或解决方案。

（3）海底捞的服务之所以出色，是因为他们注重细节和关怀。从进店引导、座位安排到餐中服务、餐后送别，每一个环节都充满了对客户的关怀和尊重。作为一名销售人员，需要注重细节，关注客户的每一个需求，并提供及时的帮助和支持。同时，你还可以通过一些小小的关怀举动，如送上一杯热茶、一张贺卡等，来增强客户对你的好感度。

（4）海底捞之所以能够持续提供优质的服务，是因为他们始终保持学习和改进的态度。他们会定期收集客户反馈，分析服务中的不足，并采取相应的改进措施。作为销售人员，你也需要保持持续学习和改进的态度。你可以通过参加培训、阅读书籍、观看视频等方式，不断提高自己的专业知识和服务水平。同时，你也可以通过收集客户反馈，了解自己在服务中的不足，并制定相应的改进措施。

（5）海底捞的服务不仅仅局限于一次性的交易，他们更注重与客户建立长期的关系。作为销售人员，你也需要注重与客户建立良好的关系。你可以通过定期回访、提供售后服务、分享行业资讯等方式，与客户保持联系和互动。同时，你还需要关注客户的需求变化和市场动态，及时调整自己的销售策略和服务方式。

09. 走心的服务不用花钱

通常情况下，人们会认为服务应该只关注大问题，需要在很多地方加大投入，想要服务做得好，就需要一定的人力、物力和财力。不可否认，对于一个企业来说，成功不是孤立的，需要在硬件上加大投入。只有细微的方面做好了，才能带动整体的成功。

在生活中，我们经常发现两家差不多的店铺或品牌，在硬件投资和营销方面做得都差不多，但受欢迎和盈利的能力却大不一样，那是什么原因呢？究其原因还在于是否在服务细节方面用心。

不少企业把营销的重心放在了价格上，也注重了平民路线，也追寻物美价廉，但却忽视了在细节上下功夫，往往很难赢得回报。而有些品牌或店铺比较注重整体意识和细节概念。哪怕就是平民品牌，如果做到以情动人、以细节去服务，便能产生"小投入大回报"的效果。

比如，日本东京帝国饭店以极致服务的口碑享誉全球，他们有很多服务的细节和用心。为了让客人从打开车门那一刻起，就感受到东京帝国饭店的贴心，当客人搭出租车来到门口时，门童会先从身上拿出纸钞替客人付费，让客人不会因找不到零钱或忘了换日元而手足无措。每一位门童都会随时准备好五张1000元和一张5000元的日元现钞，放在自己的口袋中。通过这种独一无二的服务，不但让客人满意，还获得了计程车司机的好评。由于门童必须替客人搬行李，手套难免弄脏，东京帝国饭店规定门童每30分钟换一次白手套，洗衣房天天都要洗100双白手套。

给门童准备零钱和每30分钟换一次白手套，这样的成本高吗？对比花高价钱做广告宣传可以说这样的成本微乎其微，但客户因为门童这一个提前备零钱的举动和戴白手套的服务，从中获得的服务体验一定很满意。

这就是不用花太高成本的走心服务。

作为销售人员，对客户也可以有"走心"的服务，例如，如果给客户本人发生日快乐的祝福，假设你知道客户的父母，以及孩子的生日，如果在那一天发一句生日快乐，是否会给客户带去不同的、更深层的服务体验呢？

走心的服务无非符合以下三点。

（1）服务做细。在经营中，坚持做到生客有礼貌，熟客有热情，急客有效率，慢客有耐心，这样的细心就是在满足顾客的需求。

（2）服务做真，让顾客感受到真情所在。无论你是商户还是销售，不精于算账不仅算不来顾客，还会让顾客感到"不诚实"，进而选择其他的店铺。经营不是短期行为，需要把服务做真，让顾客从心底喜欢并产生下次再来的冲动。

（3）服务做深，服务要深耕，真正给顾客带去实惠和方便。顾客开年会、过生日时，可以给他们送上精致的定制礼，为顾客提供商务洽谈、团建活动等。

10. 有温度的服务看"胖东来"

做零售的很多，但"胖东来"却是能把服务运营细节做到人人称赞的地步，因而被誉为"中国最牛超市"。

他们的外场细节有宠物寄存处，提供动物饮用水、排便袋，还有急救铃和宠物水桶；爱心雨衣，环卫工人爱心驿站，24小时售药窗口，直饮水；存车区配备打气泵，帮助顾客给车打气；存车区配备连卷袋，下雨时能及时帮助顾客把车座套上避免打湿车座，方便顾客骑车；场内细节进出超市门口，有洗手台、直饮水、免费的管匙叉筷、纸巾；不同款式的购物车，满足不同人群的需求；免费童车，超市的货架上，常年放着老花镜、放大镜，方便视力退化的老年人看配料表；像西瓜这种不好拿取的水果，超市会为顾客准备专门的网兜；榴梿摊位旁边挂着两个厚手套，顾客不必担心刺到手，可以放心地挑选喜欢的那一个；塑料购物袋旁放置着清水盛的乒乓小球，为不好撕塑料袋口的顾客提供方便；称重台旁有高度适中的小椅子，几乎覆盖超市的每个区域。只要不忙的时候，员工可以在椅子上休息。服饰的商品标签，他们直接标注上了进货价；粮食柜台配有一次性手套，提示大家请勿用手触摸米面等。

顾客讲在胖东来的购物体验，有一次，他去买活虾，一斤30多元，捞完虾，拿到称重台称重，销售员很熟练地在袋子的右下角剪开一个小孔。因为活虾带着很多水，袋子里积得有一两瓶盖那么多的水，都顺着小孔流了出来，放完水，销售员才称重，然后打价签。顾客说，看着他们这样用心去对待顾客，用诚意去经营，你还好意思计较价格吗？胖东来正是用那种体贴入微的细节在不断赢得顾客的好感，打出了全国好口碑。

由于这些服务细节，以及打出的"我们一起努力共同创造文明幸福的家园"的理念，使得胖东来成为值得所有企业学习的标杆。这是一家学校式的企业，在河南新乡也只有十几家连锁，却让很多国际连锁望而生畏。主要源于其独特且卓越的服务理念、顾客至上的经营策略以及深厚的社会责任感。

首先，胖东来在服务理念上极具创新性。它提出了"不满意就退货"的承诺，并真正做到了无条件退货，这种对消费者权益的呵护和真诚服务赢得了顾客的极高信任度。此外，胖东来还提供了多种贴心服务，如为老年人配备的购物工具、为"社恐"人群提供的"购物免打扰"服务等，这些都体现了胖东来对顾客个性化需求的细致关怀。

其次，胖东来在经营策略上也非常成功。它坚持以顾客为中心，提供极致的服务体验和价值，同时对员工进行高度的激励，使其拥有很高的幸福感。这种经营策略使得胖东来在顾客和员工中都积累了良好的口碑和忠诚度。

去过胖东来的人都说，在这样的超市购物可以时时刻刻感受到人的朝气、团结与爱，这是被长期滋养呈现出来的。

胖东来有太多太多的细节做到了极致、博爱，也真正符合他们的企业文化——"自由·爱"。

第八章 "成长"
——不断学习,迈向销冠之路

01. 销冠与销白最明显的差距是什么

有人说世上最难干的工作是销售；也有人说世上最锻炼人的工作是销售；还有人说世上最赚钱的工作是销售。无论是卖车、卖房还是卖衣服、卖袜子，只要赚差价，都离不开销售。而销售与销售之间也有着天壤之别，有的人赚得盆满钵满，有的却干得苦哈哈还不赚钱；有的人刚入行没几天就能做成销冠，而有的人在销售这行干了几年依然处于销售小白的水平。

那么，销冠和销白之间有什么明显的差距呢？

第一，从对产品的描述和价格策略来看，销白可能会直接强调产品的价格优势，如"我们的价格真不贵，一分钱一分货，好东西他自然不便宜"，但这种方式可能显得过于直接和缺乏说服力。相比之下，销冠则会更加巧妙地处理价格问题，他们会强调客户选择更高价格产品的原因，如"客户明知道花更高的价格选择我们，并不是因为他们人傻钱多，而是因为他们已经在低价和品质之间做出了选择"。销冠还会在价格谈判中展现出真诚和专业，如"我不会傻到报高价把您往外送，能给您少报 100 元，我绝不会给您少报 10 元"。

第二，从销售技巧和产品认知上看，销白可能会过于夸大产品的优点，如"我们的产品质量绝对是市场上最好的"，这种过于主观的表述可能难以让客户信服。而销冠则更加注重产品的实际表现和客户的反馈，他们会说"产品质量的好坏，是您最后亲眼所见的结论"，他们并通过实际

第八章 "成长"——不断学习，迈向销冠之路

行动来让客户感受到产品的优势。

第三，从服务速度上来看，销白由于对产品或流程不熟悉，总会给顾客带来一种漫不经心或慢腾腾的感觉，而销冠则是"唯快不破"。所有的实体店都知道服务非常重要，那我们的店到底该怎么做服务呢？送给大家一个字，叫作"快"，你一定要让你的速度快起来，快，就是对顾客最好的服务。比如某知名运动鞋品牌，内部测试点了一双鞋让导购去仓库拿货。普通员工去拿，平均下来他们拿货的时间是17秒，换句话说，他们从仓库进去出来需要17秒的时间。而给销冠测试了一下时间，销冠进去拿鞋的时间是5秒钟。5秒钟进去拿鞋，他简直就是跑进去拿一双鞋，马上跑出来，而且他不是去找鞋，鞋具体在哪个位置，他已经很清楚了，说明一个问题，他对业务非常熟悉，对库存非常熟悉。服务的速度快，给顾客什么感觉？能够证明你非常热情，你对业务非常熟练。

比如说你是做餐饮的，那上菜的速度能不能快一点？你是做连锁酒店的，请问办理入住的手续能不能快一点？所以各行各业能不能把你的速度提上来，这是我们今天要讲的关键点，因为我们有一句话，叫天下功夫唯快不破。

第四，销冠在与客户交流时，会表现出更高的职业素养和自信心。他们对自己公司的产品充满信心，能够在谈论产品时眼中放光，并始终保持不卑不亢的态度。同时，销冠还具备愈挫愈勇的精神，面对困难和挑战时能够保持冷静和坚定，不断寻找解决问题的方法。

第五，从学习和成长的角度来看，销冠通常具备更高的进取心和自我驱动力。他们不仅会完成领导布置的任务，还会主动去学习更多提升职业技能的知识，如查资源、话术分析总结、卖点分析等。同时，销冠还会通过读书、看视频等方式来精进销售技能和提高销售常识，不断完善自己的销售技巧和知识储备。

02. 做个好销售，需要先沉淀

前面我们探讨了销冠和销白的区别，当然，不是所有的人生来就是销冠，每个销冠都是从菜鸟成长起来的，有的人成长得快，有的人成长得慢而已。所以，想要做个好销售，需要先做好沉淀。先把自己的能力提升了，才能具备更好的销售水平，带来更多的业绩。

第一，尽快掌握专业知识，深入了解所销售产品的特点、优势、应用场景等，以便能够准确地向客户介绍和推荐。掌握行业相关的知识，包括行业动态、竞争对手情况、市场趋势等，以便在与客户交流时能够展现出专业性和前瞻性。

第二，了解市场和洞察客户，通过市场调研、客户访谈等方式，深入了解目标客户的需求、偏好、购买习惯等，以便能够更精准地把握市场脉搏和客户需求。不断观察市场动态和竞争对手的行为，以便及时调整销售策略和方案。

第三，锻炼一个抗压能力强的心态，销售工作往往需要面对各种挑战和压力，如业绩压力、客户拒绝等。因此，要成为一个好的销售，需要具备成熟的心态和稳定的情绪管理能力。所以要学会调整自己的心态，保持积极乐观的态度，以应对各种挑战和困难。

第四，积累销售技巧和经验，不断学习和掌握各种销售技巧和方法，如沟通技巧、谈判技巧、客户关系维护技巧等。通过实践不断积累经验，总结成功和失败的原因，以便在日后的工作中不断改进和提高。

第五，持续学习和自我提升，销售工作是一个不断学习和进步的过程。要成为一个好的销售，需要保持持续学习的态度，不断提升自己的专业素养和综合能力。可以通过参加培训、阅读相关书籍、观看视频等方式来不断学习和充电。

第六，建立良好的人际关系。在销售工作中，人际关系是非常重要的。要成为一个好的销售，需要学会与同事、上级、客户等建立良好的关系。通过真诚待人、乐于助人、积极沟通等方式来建立良好的人际关系，以便在工作中获得更多的支持和帮助。

总之，做销售要先积累知识和经验。就像怀孕，三个月才能得到效果，十个月才能看到结果；三年入行，五年懂行，十年成王，可是太多人两个月就放弃了。干销售要有足够的耐心和努力，春种，夏长，秋收，冬藏，总需要有个过程，才会收获。

03. 销冠的自驱力、学习力与复盘力

每一个销冠都不只是简单卖东西，而是背后一定的自我能量的集聚，才会在销售这一具有挑战的行业里做得脱颖而出。

曾经有位营销大师对100位来自不同行业的销售精英进行研究统计，最终发现尽管这些销冠所处的行业有一定差异，但他们都有一个共同的特质，那就是拥有自驱力、学习力和复盘力。

如果你是一位销售，那么你肯定有过以下类似的经历：同样的产品、同样的交易条件，你没成交，而你的同事却"意外"地成交了。这个就很郁闷了，难道是市场客户对你有偏见吗？如果你是这样想的话，那么你还

可能真不适合做销售。究其原因，你的同事成功地把自己卖出去了，而你却没有。

当你通过自己的价值去帮助到足够多的人，帮助他们真正解决自己的问题，自然就会有为价值为专业买单的客户出现。

销售人员自我价值的实现，依赖于很多途径，最终离不开自我驱动、持续学习和不断对销售进行复盘。

自驱力是销冠的显著特点之一。他们无须外界过多的激励和鞭策，就能自动自发地行动和做事。这种自我驱动的能力使他们在面对困难和挑战时，能够坚持不懈，主动寻找解决方案，并努力达成目标。对于销售人员来说，自驱力意味着更强的主动性和积极性，能够让他们在工作中更加投入和专注，从而提高销售业绩。

学习力这个很容易理解，销售工作需要不断学习和提高，以适应市场的变化和客户的需求。销冠通常具备强大的学习力，并且能够迅速掌握新的销售技巧和方法，并将其应用于实际工作中。他们善于从失败中吸取教训，总结经验，不断完善自己的销售策略和技巧。这种持续学习和进步的态度使他们在销售领域保持领先地位。

复盘力是销冠在销售过程中不可或缺的能力。他们善于在销售结束后进行反思和总结，分析成功和失败的原因，以便在后续的销售中不断改进和提高。通过复盘，销冠能够更加深入地了解市场和客户需求，掌握更加精准的销售策略和技巧。同时，他们也能够发现自身存在的问题和不足，及时进行调整和改进。

04. 做销售要戒掉"玻璃心"

奥地利心理学家阿德勒有句话说得好:"不怕被讨厌,它是获得自由和幸福的开始。"很多人之所以不快乐,正是因为缺少了这种"被讨厌的勇气"。说得通俗点就是,自从脸皮厚了以后,日子好过多了!销售是最不能有玻璃心的人。

销售要戒掉"玻璃心"意味着销售人员需要培养一种坚韧、稳定的心态,以应对工作中的各种挑战和压力。拥有"玻璃心"的销售人员往往过于敏感,容易受到外界的影响和干扰,导致情绪波动大,难以保持稳定的销售状态。

内心不强大的人,往往在做销售的路上会走得很不容易。比如,在销售过程中,销售人员难免会遇到一些客户的拒绝或不满。如果销售人员有玻璃心,可能会对这种拒绝或不满感到沮丧和失落,进而影响工作的积极性和工作效率。销售的工作充满着不确定性和压力,如果销售人员有玻璃心,可能难以应对这些压力和挑战,这样容易产生挫败感和无力感,进而影响他们的工作表现。

因此,有玻璃心是很难做好销售的,销售人员需要具备足够的心理承受能力和自信心,以应对销售工作中的各种挑战和压力。

消除玻璃心最好的方法就是拥有"钝感力"。钝感力可以理解为一种面对挫折和失败时的坚韧和乐观态度。销冠在面对困难和挑战时,往往能够保持冷静和乐观,不被负面情绪所影响。他们相信自己能够克服任何困难,从而实现目标。这种钝感力使他们在销售过程中更加坚韧不拔,不断努力,直到成功。

例如,李嘉诚,作为一位著名的企业家,他的成功经历就充分展示了销售钝感力的重要性。在李嘉诚年轻的时候,他曾在香港的茶楼里做侍应生。虽然身为侍应生,但他有着强烈的梦想,那就是成为一名实业家。然而,对于没有后台、没有本钱的他来说,如何投身实业成了一个难题。李嘉诚对自我有强烈的认知能力,他相信自己有做销售员的潜质,而且做销售员可以更快积累资本,来帮助他实现实业家的梦想。在这种强烈自我认知的引导下,17岁的李嘉诚辞掉了茶楼里的安稳工作,成了一家塑胶厂的推销员。在艰辛的推销生涯中,李嘉诚经历了各种困厄与打击。然而,他凭借强大的自我认知和钝感力,始终坚定地朝着自己的目标前进。他"迟钝"地去回应各种嘲笑和困难,他相信自己的判断,他相信凭借自己的努力终会成就一番事业。最终,李嘉诚凭借自己的钝感力和不懈努力,成功地在销售领域取得了巨大的成功,最终成为一位著名的企业家。他的经历充分展示了销售钝感力的重要性,即在面对困难和挑战时,能够保持坚定和专注,不易被击垮,从而在销售道路上走得更远。

这个案例告诉我们,钝感力是销售人员成功的重要因素之一。在面对挫折和失败时,销售人员需要保持冷静和理智,不被情绪所左右,坚定地朝着自己的目标前进。只有这样,才能在销售领域取得长期的成功。

因此,作为销售不要有玻璃心,但一定要有钝感力。在失败和客户被拒绝的时候,一味逃避解决不了问题,也无法使自己成长,而是需要总结经验和教训,改善自己的心态,改善自己的方案和理念,越挫越勇,直到成功。

05. 厉害的销售都有的共性：专业

销售行业一直备受关注，其专业度体现是一个重要的话题。甚至人们一致认为厉害的销售都有一个共性，那就是"专业"。

专业度不仅仅体现在销售人员的外在形象上，更体现在一个销售人员对自己负责产品的了解度、对客户的需求把握度以及沟通协调能力等方面。唯有全方位提升自己的专业素养，才能在激烈的市场竞争中夺得一席之地。

销售人员的专业度是决定客户对于产品好感度的一个重要因素，销售人员越专业，客户对于销售人员的依赖也会越强烈，遇到问题时更愿意与销售人员进行沟通交流。相信每个公司都有一个或几个销售大神，他们的言谈举止都渗透着专业，具备让人信服的能力。基本上只要是开发客户，就很少有跑单的现象。

其实，在销售领域，不只是销售人员对客户进行打分判断，客户也会判断销售人员是否专业，比如从销售人员的产品知识、需求分析能力、解决问题的能力等方面来判断。

人们买东西就和去医院看病是一个道理，大家都希望找一位专家来诊疗，因为专业所以放心。真正专业的医生不会问病人："你想吃中药还是想吃西药，你想吃5天还是想吃7天？你想吃多一点还是想吃少一点？"即使不太专业的医生如果能问出这么没有水准的话，也肯定会被当成庸医轰出去。医生诊疗会从病人的背景问起，如果病人是因为咳嗽来就诊，医生会问："你是白天咳还是晚上咳，如果晚上咳是上半夜咳还是下半夜咳，是否有痰，有没有发烧憋气？来之前吃什么药？咳嗽症状持续多久了？平时有没有什么其他疾病……"当医生问了这么多病人的背景问题以后，才会对症下药。这个时候病人就会觉得医生好专业，也非常信任医生，于是交费拿药按医嘱服药。在病人看来，医生不是卖药，而是给自己解决这个"咳嗽"问题的。

例如，有个做汽车销售的，因为没做多久，加上年纪小，对客户不是很了解，虽然很勤奋，但总会有客户直接问他："你还不够专业啊。"这个销售人员听了总会红了脸，觉得自己气势上压不住客户。后来经过不断学习相关的汽车知识，两三年以后再跟客户聊起汽车的问题时头头是道，大家一看他就特别专业。即使不买车，也会跟他咨询一些相关的汽车配件维修和故障修理的问题。因为有了专业知识，销售业绩也明显得到了提升。最终他从销售助理一路晋升到了销售主管。

总之，客户要的不是专业，而是感觉你专业。销售人员自己懂了所从事领域的知识之外，还需要与客户沟通的时候站在客户的立场上，让客户觉得找到了"专业的人"，这样一来，销售就离成功不远了。

06. 销售两大忌：一是抠，二是懒

在销售领域，存在两大忌讳，即"抠"和"懒"。这两个问题可能会严重影响销售人员的业绩和职业发展。

首先，"抠"在销售中通常指的是过于计较个人的得失，不愿意在销售过程中投入必要的资源和努力。这种心态可能会导致销售人员错失很多

机会。例如，当面对潜在客户时，如果销售人员过于抠门，不愿意花费时间和精力去了解客户的需求和疑虑，那么客户可能会觉得被忽视或不被重视，从而选择其他供应商。另外，抠门还可能导致销售人员在与同事或上级合作时缺乏团队精神，难以形成良好的合作关系，最终进一步影响销售业绩。

另外，有的销售人员碍于刚做没有多少经济收入，不愿意花钱给自己装门面，穿的衣服不像样子，整体形象不行。多数客户还是"以貌取人"的人，如果一个人穿着随意，就会被客户认为不专业，从怀疑形象转而怀疑能力，从而不太容易成交。

还有一类销售人员喜欢单打独斗，不愿意花精力和时间交朋友拓展人脉，连请朋友吃顿饭的钱都抠搜，这样很难积累人脉，也就无法拓宽销售之路。

销售是一个需要不断投资学习的事情，如果不愿意花钱学习和提升，在低层次里徘徊，就很难突破自己的认知和能力。

其次，"懒"在销售中表现为缺乏主动性和积极性，不愿意主动寻找和拓展客户资源。销售人员的工作本质就是寻找潜在客户，从而建立联系，并促成交易。如果销售人员过于懒惰，不愿意付出努力去开拓市场，那么他们的业绩自然会受到影响。此外，懒惰还可能导致销售人员缺乏学习和提升的动力，无法适应市场的变化和客户需求的变化，从而逐渐被淘汰。

比如，作为销售人员懒得出去跑客户，懒得与客户沟通，天气热了不愿意出去，刮风下雨也不愿意出去。因此要勤能补拙，只有腿勤嘴勤才能吃得了销售这碗饭。

为了克服这两个忌讳，销售人员需要做到以下几点。

（1）销售人员应该明白，销售工作是一项需要投入资源和努力的工作，只有不断地付出才能收获成功。同时，他们也应该认识到，销售不仅仅是卖产品，更是为客户提供价值和服务。

（2）销售人员应该时刻保持敏锐的洞察力，积极寻找潜在客户和市场机会。他们可以通过各种渠道获取信息，如社交媒体、行业展会、客户推荐等，并主动与潜在客户建立联系。

（3）销售人员应该时刻保持学习的状态，不断提升自己的专业知识和技能。他们可以通过参加培训、阅读相关书籍和文章、与同行交流等方式来不断充实自己。

（4）销售人员应该与同事和上级保持良好的合作关系，共同为公司的销售目标努力。他们可以通过分享经验、互相支持、共同协作等方式来提高整个团队的凝聚力和战斗力。

总之，销售两大忌"抠"和"懒"是销售人员需要时刻警惕的问题。只有树立正确的销售观念、积极主动寻找机会、不断学习和提升、建立良好的团队合作精神，才能在销售领域取得成功。

07. 高明的销售深谙"夹着尾巴做人"

民间有句俗语叫作"夹着尾巴做人"，意思是说在为人处世中，应该保持谨慎、谦虚的态度，不能过于张扬和炫耀自己。这就是如今人们常说的做人要学会低调。

"夹着尾巴做人"，不是低三下四，而是一种生活、处世态度，稳重与文雅，也就是低调。

高明的销售深谙"夹着尾巴做人"，实际上是指他们懂得在销售过程中保持低调、谦逊和谨慎，以避免过于张扬或冒进而引发客户的反感或不信任。这种态度有助于销售人员更好地与客户建立关系，增强客户的信任感，从而促进销售的成功。

首先，"夹着尾巴做人"意味着销售人员在与客户交往时，不会过分夸大自己的产品或服务，而是实事求是地介绍其特点和优势。他们明白，客户最关心的是产品或服务能否满足他们的需求，而不是销售人员的夸夸其谈。因此，他们注重用事实和数据来支持自己的陈述，让客户能够做出明智的决策。

其次，"夹着尾巴做人"也要求销售人员在与客户沟通时保持谦逊和尊重。他们不会以一种傲慢或自大的态度来对待客户，而是会认真倾听客户的需求和疑虑，并给予积极的回应和解决方案。这种态度能够让客户感受到被重视和尊重，从而增强他们对销售人员的信任感。

此外，"夹着尾巴做人"还意味着销售人员在面对挑战和困难时能够保持冷静和理智。他们不会因为遇到挫折就轻易放弃或抱怨，而是会积极寻求解决问题的方法，并努力克服困难。这种坚韧不拔的精神能够赢得客户的尊重和信任，并且促进销售的成功。

08. 销冠都具备怎样的特质

有的人不管在哪个销售行业都能做得特别好，而有的人不管换了多少个销售行业都拿不回业绩，是智商不够用，还是情商不够用？其实都不是，只是那些能当销售冠军的人，往往身上具备几个特质。这些特质能够让他们无论换什么行业去做销售，都能做得十分出色。

究竟销冠都具备怎样的特质呢？

（1）强烈的目标感。销冠通常都有非常明确的目标，并且会全力以赴去实现这些目标。他们有着强烈的自我驱动力，能够持续不断地努力，直至达到预期的业绩。销冠一定是围绕目标而开展工作，围绕目标而不懈奋斗，包括长期目标和短期目标，每天晚上的工作日志是给第二天的自己定个小目标，每天完成小目标＝全年完成大目标，因为量变才能产生质变。

（2）高度的自信心。销冠对自己、自己的产品以及自己的能力都充满自信。他们相信自己能够解决任何问题，完成任何销售任务。这种自信能够传递给客户，增加客户对产品和服务的信任。无论做什么事，有信心就会打倒困难，销售是一项充满挑战的工作，如果对自己没信心，很容易在遇到客户的刁难和销售遇到瓶颈的时候选择放弃。

（3）做人靠谱。诚实守信，待人真诚，踏实肯干，为人可靠，不坑蒙拐骗，不为一时利益而违背原则和底线，关心客户，愿意先付出，注重合作共赢和长期关系。因为做人靠谱，给客户留下"相信这个人错不了"的印象，得到客户的认可和信任，而信任是合作和持续合作的基础，因此做好销售变得水到渠成。

（4）出色的沟通技巧和良好的人际关系处理能力。销售是一项需要频繁沟通的工作，销冠通常都具备出色的沟通技巧。他们能够清晰地表达自己的观点，有效地传达信息，并且能够倾听客户的需求和疑虑，从而为客户提供更好的服务。销冠擅长处理各种人际关系，包括与同事、上级、客户等的关系。他们能够建立和维护良好的人际关系，赢得他人的信任和支持，从而更容易地达成销售目标。

（5）强大的抗压能力。销售工作常常面临各种压力和挑战，如业绩压力、竞争压力、客户压力等。销冠通常都具备强大的抗压能力，能够在压力下保持冷静和理智，找到解决问题的方法。销冠不是一蹴而就的，也不是每战必胜、所向披靡的，与普通销售一样，遇到拒绝和挫折是家常便饭。不怕拒绝，不怕丢脸，销售是从拒绝开始，成交从异议开始；每一次经历甚至挫折都是一次学习和成长的机会，能力可以通过刻意练习培养；追求更好，向前看，努力就有机会。

（6）敏锐的洞察力和团队协作能力。销冠通常都具备敏锐的市场洞察力，能够及时发现市场变化、客户需求变化等，从而调整销售策略和方法，以适应市场的变化。销冠通常都具备良好的团队协作能力，能够与团队成员共同协作、互相支持，共同完成任务。他们懂得分享资源和信息，来促进团队内部的沟通和合作。

这些特质并不是一蹴而就的，需要销售人员通过不断地努力和实践来培养和提高。同时，这些特质也是相互关联的，只有综合具备这些特质，才能够在销售领域取得长期的成功。

09. 销售不是硬拼，也要有松弛感

"松弛感"是一个在现代社会中越来越受重视的概念，主要指的是一种从容淡定、不过分用力、情绪稳定、随遇而安、舒适自然的生活态度或心态。

具体来说，松弛感是一种面对生活挑战和压力时，能够保持冷静、不焦虑、不纠结，以更加从容和淡定的态度去面对问题的状态。这种状态不仅有助于我们更好地应对生活中的困难和挑战，还能够让我们更加享受生活的美好，提高生活质量。

松弛感，就是处理应激事件的一种态度或能力。松弛感很贴近心理学

中的"心理弹性"一词。心理弹性，也称为"心理韧性"或者心理"复原力"。大概意思是，一个人在面对压力应激事件时，能够有效地应对和适应，从而达到情绪上的平衡状态。

在销售过程中，拥有"松弛感"的销售人员往往更能赢得客户的信任和好感。他们不会过于迫切地推销产品或服务，而是能够与客户建立一种轻松、自然的沟通氛围，让客户感受到舒适和尊重。这种氛围有助于客户更好地了解产品或服务的特点和优势，从而更容易做出购买决策。

同时，"松弛感"也体现在销售人员的策略上。他们不会一味地追求短期的销售目标，而是能够制订长期、可持续的销售计划，并根据市场变化和客户需求灵活调整策略。这种策略有助于销售人员更好地掌握销售节奏，避免过度用力导致客户反感或疲劳。"松弛感"还意味着销售人员要有一种自信和平静的心态。他们不会过于担心客户的反应或是拒绝，而是能够从容应对各种情况，并保持良好的情绪状态。这种心态有助于销售人员在遇到困难和挑战时更加镇定和果断，从而更好地应对各种局面。我们用一个案例，看看什么样的销售状态属于松弛感。

假设有一个销售人员小张，他负责销售一款高端的金融理财产品。与传统的销售方式不同，小张并没有一开始就急于向客户介绍产品的各种功能和优势，而是选择了一种更为轻松和自然的沟通方式。在初次接触客户时，小张首先通过一些轻松的话题与客户建立起了良好的沟通氛围，让客户感受到他的真诚和友好。然后，他逐渐引导客户谈论自己的财务目标和需求，倾听客户的想法和疑虑，并针对性地给出建议。在与客户交流的过程中，小张始终保持一种从容和自信的态度，不会过于迫切地推销产品，而是根据客户的实际情况和需求，来提供专业的咨询和建议。他让客户感受到他是在真正关心他们的财务状况，而不仅仅是为了完成销售任务。当客户对产品表示出兴趣时，小张并没有立即开始详细介绍产品的功能和优势，而是先让客户了解产品的相关信息，再与他们进行深入的交流和讨论。他鼓励客户提出自己的问题和疑虑，并耐心解答，让客户感受到他是在真正帮助他们解决问题。最终，在一种轻松、自然和信任的氛围中，客户决定购买小张推荐的金融理财产品。客户他们不仅对产品本身表示满意，更对小张的服务态度和专业素养表示赞赏。

所以，太用力的销售是走不远的，需要有一种坦然的松弛感。看着很随意，却能抓住客户的心。

松弛感的培养来自以下几个方面。

（1）提升配得感。无论在哪个领域都要想自己是专业的，起码比客户专业。产品有点贵，贵的地方正是自己所代表品牌的优势所在。

（2）降低期望值。任何一次沟通的开始，结果必然有很多种形式，没有成交往往是常态，不要对结果有过高的期望，中等强度的水平更有利于目标的实现，不要强求一次就把客户拿下。

（3）让心回归平静。不要总是担心被客户拒绝，被客户讨厌，要享受自己的职业和角色，存在即合理。回归自然力，自然而然地接纳一切，只要认可角色，结果就不会差。

10. 销售是处事方式和逻辑思维

换一个角度来看待销售，其实就是一种促进交换的发生。所以，销售不仅是一种职业，也不全是工作形式，而是一种处事方式和逻辑思维。

销售人员需要仔细分析客户的需求和期望，以确定他们真正需要的是什么。这需要逻辑思维来分析客户的言行，并推断出他们的真实需求。根据客户的需求和市场环境，销售人员需要制定销售策略。这要求他们运用逻辑思维来评估各种策略的有效性，并选择最佳方案。销售人员需要定期评估他们的销售结果，以确定哪些策略有效，哪些需要改进。这同样需要逻辑思维来分析数据，并找出影响销售结果的关键因素。

我们看以下几个案例。

两家鞋业制造公司分别派出了杰克逊和板井两位推销员去南太平洋的一个岛国开拓市场。当他们到达时，发现当地人全都赤足，不穿鞋。杰克逊向国内总部老板发了一封电报，表示这里的人从不穿鞋子，因此没有市场，他打算返回。板井看到了机会，决定长期驻扎，并研究如何使当地人接受穿鞋的习惯。两年后，这里的人都穿上了鞋子。杰克逊的逻辑是基于现状的直观判断，认为没有市场机会。板井则运用了更深层次的逻辑，看到了潜在的市场需求，并制定了长期的策略来实现目标。

日本东京的银座绅士西装店首创了"打1折"销售的策略。他们设定了一个为期两周的打折计划，从第一天打9折开始，每天递减1折，直到最后一天打1折。这种策略吸引了大量顾客，商品也在打折期间迅速售罄。

通过设定一个逐渐递减的打折计划，并且商家利用了消费者的心理，使他们认为越往后价格越低，从而刺激了购买欲望。同时，商家也确保了商品在打折期间能够迅速售罄，从而避免了库存积压。

一位地产商有一块地皮，他无偿捐献了大部分给政府建大学，然后在剩下的土地上修建了学生公寓、餐厅、商场等设施。他通过捐赠土地给政府建大学，获得了政府的支持和合作，然后在大学门前创建了商业一条街。结果商业一条街迅速繁荣起来，给他带来了丰厚的回报。

地产商通过捐赠土地给政府建大学，创造了一个有利于商业发展的环境。他利用了大学带来的人流和商机，通过提供相关的商业服务来盈利。

这些案例都展示了销售作为一种处事方式和逻辑思维的体现，通过不同的策略和思维方式来实现目标。

因此，真正的销售已经跳出了单纯卖东西的逻辑，真正的销售是一项人与人打交道、高手之间博弈的艺术，考验着一个人的综合能力，是处事方式和逻辑思维的双重提升。

第九章 赋能
——从销售精英到团队领导

01. 精英单打独斗，管理者带动和赋能

销售行业是一个需要丰富经验和技巧的行业，师徒传帮带可以帮助新员工迅速融入团队，学习老员工的经验和技巧，从而快速提升自己的销售能力。从事销售的人从小白一路上升到主管，最后才可能会成为更大的销售团队领导和管理型人物，去带动和赋能一个销售团队，从而带出更多的销售。常言道，一个人挣钱，可能是 10 万元；一个团队挣钱可能就是 50 万元，所以带领好一个销售团队，是每个持续成长的销售人必须学会的一件事。

作为一个团队的销售管理有很多不同的做法、不同的流派。当然带领好团队也有很多不同策略及不同力度。他们没有对错，没有好坏，只有合不合适。

当一个销售团队缺乏凝聚力的时候，说明是管理出了问题。出了什么问题？那就是你没有真正地理解管理的本质，是通过别人拿结果，而管理者要做的是推动整个销售团队去达成各项指标。

管理者在推动整个团队达成销售任务时，需要采取一系列策略和方法来确保团队目标的实现。以下是一些建议。

（1）与团队共同制定清晰、可衡量的销售目标，并确保每个团队成员都明确了解自己的目标。同时，目标应该具有挑战性但可实现，以激发团队成员的积极性和努力。

（2）根据目标，制订详细的行动计划，包括销售策略、时间表和关键

里程碑。这有助于团队成员了解他们需要做什么以及何时完成，从而更好地规划自己的工作。

（3）建立有效的沟通渠道，确保信息在团队中流通和共享。定期组织团队会议，让团队成员分享进展、讨论问题和解决方案。此外，鼓励团队成员之间的互相支持和协作，共同应对挑战。

（4）为团队成员提供必要的培训和发展机会，帮助他们提升销售技能、市场知识和产品知识。通过培训，团队成员可以更好地理解客户需求、制定有效的销售策略，并提高销售效率。

（5）设计激励和奖励机制，以激励团队成员的积极性和努力工作。这可以包括销售目标奖金、晋升机会、员工福利等。同时，及时表彰和奖励表现出色的团队成员，为他们树立榜样，从而激发其他成员的竞争意识。

（6）管理者需要密切关注市场变化，了解行业趋势和竞争对手的动态。这有助于团队及时调整销售策略、抓住市场机遇，并应对潜在的风险和挑战。

（7）为团队成员提供必要的支持和指导，帮助他们克服困难和挑战。与团队成员建立合作关系，提供个人指导和辅导，帮助他们实现个人和团队目标。营造积极、乐观的团队氛围，让团队成员感受到归属感和成就感。要鼓励团队成员积极参与团队活动，增强团队凝聚力。同时，关注团队成员的心理健康和情绪状态，提供必要的支持和关怀。

在推动团队达成销售任务的过程中，管理者需要灵活调整策略和方法。根据市场变化和团队表现，及时评估和调整行动计划，确保团队始终朝着目标前进。鼓励团队成员提出改进意见和建议，持续推动销售流程和策略的优化和创新。通过不断学习和实践，来提高团队的竞争力和适应能力。

02. 在销售团队中扮演"头狼"角色

狼被喻为最有团队合作精神的物种。在狼群中，头狼扮演着至关重要的角色。首先，头狼是狼群的领导者，它拥有非凡的信念、野心、胆识、霸气和谋略，负责为整个狼群做出重要决策，包括寻找食物、水源和安全的居所。在行动时，头狼通常走在最前面，引领狼群前进。其次，头狼也是狼群的保护者。它会时刻保持警觉，保护整个狼群免受危险的侵袭。由于头狼是整个狼群中最有经验、最强壮、最勇敢的一只，它承担着巨大的责任，确保狼群的安全和生存。此外，头狼还是狼群中的教育者。在幼崽成长过程中，父母狼会教育它们如何捕猎、如何保护自己、如何遵守狼群的纪律等。头狼及其伴侣会作为榜样，通过实际行动来传授这些知识和技能。总之，头狼在狼群中充当着领导、指挥、保护和教育等多重角色，是狼群中不可或缺的存在。它通过智慧和勇气来赢得整个家族的信任，并带领狼群在严酷的自然环境中生存和繁衍。

作为带领团队作战的销售领导，在团队中需要扮演的正是"头狼"角色。因为一个领导的精神气质就是整个团队的精神气质，一个领导的目标就是整个团队的目标。在团队中领导者要给自己几个定位。

第一，精神引导者。销售在很大程度上取决于精神的引领，一个团队有主心骨，整个团队才有作战能力。如果领导整天怨天尤人，往往会影响下属的情绪，使他们面对困难时出现畏难情绪和焦虑，这样会不利于整个团队的发展和业绩的提升。

第二，团队目标的规划者。一个团队既要有整体大目标，也要给每个成员细分个人目标，所以管理者就是规划者，要提供工作方案和流程、岗位设置以及考核和激励体系等。

第三，关心下属的家长。很多销售都要面临工作压力大、四处奔波、不断打拼和遭遇挫折这些考验，如果管理者只是高高在上发号施令，这样会很容易压垮整个团队的斗志，所以要及时给予销售人员安慰和鼓励，多一些工作和生活上的关心，让他们感受到温暖才会更踏实地搞业绩。

第四，指导工作的好教练。一个团队就像一个球队，它不是金字塔的存在，更像是一个扁平化的球队。管理者就是教练，他知道每个队员的长项和短板，通过取长补短，训练销售人员，从而实现管控业务团队，并且制定销售策略和目标。

第五，铁面无私的法官。管理者需要关心下属，但在工作上要铁面无私，不偏袒，不护短，谁有问题谁承担，谁犯了错就要及时改正和接受一定的处罚，管理者不是滥好人，是赏罚分明的"法官"。培养头狼魅力，扮演好自身的角色，这样才能够带领销售团队快速发展。

例如，电视剧《亮剑》中的李云龙就是一位非常值得销售团队学习的人物形象。首先，李云龙是一位骁勇善战、叱咤风云的将领。他在战场上勇猛果敢，敢于亮剑，展现出一种不畏强敌、敢于挑战的英雄气概。他的军事技术纯熟，善于逆向思维，经常能打敌人一个措手不及，体现出他勇敢机智的才能和性格。其次，李云龙是一个有情有义的人。他重情重义，喜欢挑战，对战友和部下充满关爱。他粗中有细、有勇有谋，不愿循规蹈矩。这种性格在和平年代可能不太适应，但在特殊的战争年代，他却能够抓住战机，出奇制胜。他一句："狼行千里吃肉，狗行千里吃屎"，说出了狼性的真谛，狼只有在旷野拼杀，才有肉吃，才能生存下去。狗自狼驯化为狗，圈养于家园，只能看守庭院、摇尾乞怜，靠主人施舍度日。

在销售团队中，头狼角色通常指的是那些具备卓越领导力、战略眼光和决策能力的领导者，他们能够引领团队朝着共同的目标前进，并带领团队取得优异的销售业绩。

03. 及时处理有问题员工

一个销售团队中难免会遇到"问题员工"，比如有老员工倚老卖老不配合工作的，新生代员工个性鲜明我行我素的，压力过大消极怠工的，情绪不稳，不遵规守纪做事出格的，等等。如何应对和管好这些"问题员工"？无疑是一件令销售团队中管理者们头大的事情。

在带领团队时，确保团队的凝聚力和高效性是非常重要的。当面对问题员工时，确实需要及时、妥善地处理，以保持团队的和谐与稳定。管理者虽然大部分时间需要凝聚人心，但也不能一味和稀泥、当老好人，而是要有担当精神，果断解决掉团队中的"问题员工"。当然，这个问题一定是原则性的问题。一般什么样的问题员工是要坚决处理的呢？

第一种，品行有问题的人。一旦发现要立即与 HR 和上司沟通，务必尽快清除出团队，对于这类员工，任何公司都选择零容忍，只要掌握了问题员工德行上的证据，就必须让其离开。

第二种，总是完不成业绩的员工。销售团队是众人拾柴火焰高，一般不养闲人。如果有人通过辅导、转岗依然无法完成业绩的，那么只有跟他终止合同关系了。

第三种，不听指挥的员工。这类员工要视具体情况而定，有能力有脾气的是一种；无能力还有脾气的是另一种。前者如果业绩完成得好，能为整个团队带来的贡献大，偶尔"耍大牌"不服管，也没什么大碍，这时需要沟通和引导，让其意识到越是优秀的人越谦卑的道理。如果是后者，本来没什么能力还不服管理、不听指挥，那么能弄到其他部门的尽快转走，实在不行上报 HR 请他走人，否则对后续的整个团队管理非常不利。

第四种，混日子的员工。这类人多数属于关系户，虽然无功无过混日子，但真要让其走人又不那么容易。这样的员工可以安排不太重要的岗位给他。管理者也可以跟他进行坦诚沟通，挖掘他实际的想法，毕竟不是任何人都想躺平，还是希望对团队产生一定的价值，或许是没有找到方向或目标。因此防止这类"闲"人出乱子是最好的管理手段。

无论是哪一种"问题员工"，在解决的时候都要多听听员工的心声和意见，有时候管理者看到的未必是真相。可以采用"全员参与"的激励方法，建立一种新的管理制度，开辟一个"意见信箱"，员工有任何抱怨和不满都可以往意见信箱里写信，可以署名，也可以匿名。管理者每周都会开启一次意见箱，认真对待每一位员工提出的意见和建议，并给予积极处理。如果员工发现管理者是真正解决问题，让全员都参与决策和意见的，大家有了问题就会开始积极反映，最终整个团队管理会获得良好的效果。这样员工的积极性也能得到极大的提升。

04. 带团队要学会"传、帮、带"

在带领团队时,"传、帮、带"是一种非常重要的管理和指导方法,旨在通过传授经验、提供帮助和引领方向,促进团队成员的成长和团队整体的发展。

传,就是传授经验和知识,分享个人经验和传授专业技能,并培养整个团队中员工的思维习惯。作为团队领导者,你可以分享自己的工作经验、行业知识和成功案例,通过帮助团队成员来了解行业趋势、掌握工作技能。针对团队成员的不同岗位和职责,传授相应的专业技能和知识,来提高他们的专业能力。除了具体的技能知识,还可以传授解决问题的方法、思考问题的角度等思维习惯,帮助团队成员形成独立解决问题的能力。

帮,也就是提供帮助和支持,为员工提供资源解决实际问题,鼓励他们创新和尝试。当团队成员遇到问题时,能及时提供帮助,解决问题或提供解决思路,让他们能够顺利推进工作。为团队成员提供必要的资源支持,如信息、工具、设备等,帮助他们更好地完成工作。要鼓励团队成员尝试新的方法和思路,即使失败也要给予支持和理解,帮助他们从失败中学习和成长。

带,引领方向和帮助成长。为团队设定明确的目标和愿景,让团队成员了解团队的发展方向和期望成果。根据团队成员的实际情况和团队目标,制订个性化的成长和发展计划,帮助他们实现个人和团队的共同成长。对团队成员的进步和成就给予及时的激励和表扬，让他们感受到自己的努力被认可和鼓励。

作为团队领导者，要以身作则，树立榜样，展示正确的行为和态度，影响和激励团队成员。

例如，海底捞的服务就是采用的传帮带的激励模式。海底捞的人才激励最终目的是培养新店长，支撑公司不断开新门店的策略。海底捞把这种激励模式称为"店长推荐制"。分为两个部分，分别是激励机制与惩罚机制。

激励机制中包括晋升机制与利益分配机制。晋升机制的具体流程如下。

第一步，进入人才库。由师傅提名让优秀员工进入人才库，这部分人会受到餐馆管理、服务提供、内部行政等额外的培训。

第二步，晋升大堂经理。通过初级培训考试的徒弟，在餐厅轮岗10个职务后，由店长推荐参与海底捞大学计划举办的培训课程，培训结束后进行评估，通过评估的人将晋升为大堂经理。

第三步，晋升店长。店长可提名大堂经理作为店长候选人，候选人参加海底捞大学举办的培训课程，结束后对其进行评估，通过评估的候选人才有资格晋升为店长。

第四步，成为店长后的利益分配，包括基本工资与餐厅利润分成。餐厅利润分成的比例，有两个方案供店长选择。方案A，餐厅利润的2.8%；方案B，餐厅利润的0.4%+徒弟餐厅利润的3.1%+徒孙餐厅利润的1.5%。只要徒弟餐厅的利润越高，师父的收入就越高。

只有奖励还不够，海底捞还设计了惩罚机制，主要分为两块：支付课程费用、财务惩罚、连坐2级。在支付课程费用方面，店长要对提名的候选人负责，如果提名的候选人在培训结束后未通过评估，那么店长及被提名的候选人就必须支付参与培训课程的费用。

从海底捞模式不难看出，师徒制激励模式带来的影响是双向的，这种影响更多地体现在激励上。这样一来，师徒关系会给师父带来职业生涯的促进和收入增加。徒弟的能力也能协助师父完成任务，提高师父的绩效。如果企业需要扩张或连锁类型的企业，可以对员工采用这种师徒制的激励晋升机制，往往能收到不错的效果。

在实践"传、帮、带"的过程中，首先要尊重个体差异：团队成员有着不同的背景、经验和能力，因此需要尊重他们的个体差异，因材施教，提供个性化的指导。其次，要保持耐心和信心。团队成员的成长需要时间和耐心，作为领导者需要保持耐心和信心，应当给予他们足够的时间和空间去成长和发展。此外，需要不断学习和反思。作为团队领导者需要不断学习和反思自己的管理方法和指导效果，持续改进和优化"传、帮、带"的实践方式。

05. "自诺激励"让团队成员也具备狼性

有句名言"生命从外打破是食物，从内打破是生命"。激励也是如此，想让团队成员个个如虎如狼去奋发进步，外部的压力往往不如自我驱动更有效果。所以，"自诺激励"是一种个人激励常用的方法，它基于个体对自我承诺的坚持和追求。这种方法强调个人设定明确的目标，并对自己实现这些目标的能力做出承诺。通过自我承诺，个人能够激发内在的动力和责任感，从而更积极、更努力地追求自己的目标。

比如，我们生活中常见人们在朋友圈给自己立 flag，就是自我承诺的一种简单形式。企业管理中，也可以通过让员工自我承诺进行激励。

例如，一个销售人员可能承诺自己在未来一年内提高 20% 销售额。通过自我激励、制订销售策略和计划，以及持续跟进和评估进度，这样一来更有可能实现其职业目标，并获得职业上的成功。

在团队项目中，"自诺激励"对于团队成员来说也至关重要。每个团队成员都可以对项目的成功做出自己的承诺，如按时完成自己的任务、积极参与团队讨论、为项目提供创新性的建议等。通过自我激励和团队之间的互相支持，整个团队将更有可能成功完成项目，并取得预期的成果。

一个人的自我承诺往往是事情成功的开始，因为敢于进行自我承诺的人，往往是高度自信的表现。有自信的人才敢立目标并通过努力和创新去完成目标。自我承诺是需要员工自己完成的，强加的承诺没有效果。可能还会引起反面效果。所以管理者更多只能引导。比如，在制定目标过程中，告知员工自己的目标，然后再与员工制定他自己的目标。员工自己输出的目标，就是他的一种自我承诺。又如，我们每天的晨会，每周的周会；今天做什么、什么时候完成。这些也都是一种对外的自我承诺。

例如，某销售公司为了激励员工，要求每名员工年初制订本人业务计划，并向公司立下"军令状"。由该员工的直接主管考察他的业绩完成情况、执行力度及团队精神，并给予必要的指导、协助和鼓励。在执行过程中，员工可以向管理人员提出完成任务所需的建议，管理人员为员工提供各种所需的资源。如果发现员工的业务承诺过高或不切实际，或者是定得太低没有一点挑战性，管理人员就会及时跟该员工进行交流，以便帮助做出更为实际的个人业务承诺计划。最后，管理人员协助员工制定单一既定的目标，鼓励他们向着目标充分发挥潜能和创造性，并努力完成定下的承诺。

在 IBM 公司，每位员工的工资涨幅都有一个关键的参考指标，这就是个人业务承诺计划。制订承诺计划是一个互动的过程，员工和直属上司坐下来，共同商讨，立下一纸为期一年的"军令状"。到年终，上司会在军令状上打分。

在实施"自诺激励"时，要注意以下几点。

（1）设定明确目标。个人需要清晰地定义自己希望达到的目标。这些目标应该是具体、可衡量和可实现的，以便能够跟踪进度并评估成果。

（2）在设定目标之后，个人需要对自己实现这些目标的能力做出承诺。这种承诺不仅仅是口头上的表达，更是内心深处对自己的信任和责任感的体现。

（3）通过自我承诺，个人能够激发内在的动力和热情。他们会更愿意投入时间和精力去追求自己的目标，因为他们相信自己有能力去实现这些目标。

（4）正面反馈和奖励。当个人朝着目标前进并取得进展时，他们会获得正面反馈和奖励。这些反馈和奖励可以来自自己内心的满足感，也可以来自他人的认可和赞扬。这些正面的体验会进一步增强个人的动力和信心，促使他们继续前行。

通过"自诺激励"，个人可以更好地管理自己的时间和资源，提高自我效能感，从而增强自信心和责任感。同时，这种方法也有助于培养个人的自律性和毅力，使他们在面对困难和挑战时更加坚韧不拔。在团队中，领导者也可以鼓励团队成员采用"自诺激励"的方法，以激发整个团队的积极性和创造力。

06. 用游戏手段激发团队活力

使用游戏手段来激发团队活力是一种富有创造性和趣味性的方法，它能够增强团队成员之间的互动，提升团队的凝聚力和合作精神。

组织一些需要团队协作才能完成的挑战游戏，不仅能够锻炼团队成员的身体素质，还能增强他们的沟通和协作能力。在比赛中，团队成员需要互相配合、共同努力，以达到共同的目标。

例如，58同城员工接近两万名，并且新生代员工占了员工总数将近70%。针对如此庞大的新生代员工，公司设计了游戏化激励方式，把员工手册命名为《阳光心法》，里面不但有游戏化的语言，还有穿着武侠服饰的配图，视觉化的设计让员工瞬间"秒懂"。为了让新员工的价值观能尽快匹配企业的价值观，58同城还设计了游戏化升级。如主动协作定义为对于别人提出的要求，可以及时明确地给予反馈，修炼难度一颗星，特别指南为不默默无视，不含糊其词。随着秘籍修炼难度的增大，修炼内容也随之升级，如"能够积极参加相关部门事务的讨论，同时不是随便地吐槽，而是能够给组织提出积极的、有建设性的意见"，难度两颗星，以此类推，极大地推动了员工参与的热情，也使企业文化很好地实现了落地。

用游戏化去激励员工的参与意识，并不是为了娱乐，而是让员工真正爱上工作，与员工展开更加自由民主的互动社交，让他们拥有参与感，激发员工工作内驱力。

例如，设定一系列的销售目标，如月度、季度或年度销售目标。将销售团队分成几个小组，并为每个小组分配不同的销售区域或产品线。设立竞赛规则，如以销售额、新客户数量或客户满意度为竞赛指标。定期进行排名和奖励，可以设立不同的奖励等级，如金牌、银牌、铜牌销售团队，并为获奖团队提供奖金、奖品或额外的休假时间。

某电商公司为了激发销售团队的活力，设立了一个名为"销售冲刺"的竞赛。销售团队被分为四个小组，每个小组负责不同的产品类别。竞赛期间，各小组积极寻找潜在客户，从而提升销售额，并相互竞争。最终，销售额最高的小组获得了丰厚的奖金和团队旅游的机会，极大地提升了团队的士气和凝聚力。

再比如，角色扮演游戏，设计一个模拟销售场景的游戏，让销售团队成员扮演不同的角色，如销售人员、客户、竞争对手等。通过模拟实际销售过程中可能遇到的问题和挑战，让团队成员在游戏中学习和提升销售技巧。

一家房地产公司为了提升销售团队的沟通技巧和应变能力，组织了一次名为"销售大挑战"的角色扮演游戏。在游戏中，销售团队成员分别扮演销售人员和客户，模拟了从客户咨询、产品介绍、价格谈判到签约成交的整个过程。通过这次游戏，团队成员不仅学习了如何更好地了解客户需求和应对客户异议，还增强了彼此之间的协作和信任。

在"互联网+"时代下，员工更喜欢有趣的工作，他们希望参与管理，希望得到认可，也希望有透明简化的环境以及情感表达等。当管理者和团队引入了游戏化思维，就会改变以往枯燥、压抑的工作氛围，增加了工作的趣味性，这样调动员工参与感，能够取得不一样的效果。

07. 积分排名刺激团队成员竞争

有一种竞争激励叫作积分制，尤其是整个团队成员把积分挂在人人都看得到的地方，就像幼儿园小朋友渴望得到小红花那样吸引人。积分越多，得到的小红花越多，孩子越喜欢上幼儿园，表现也越好。同样的道理，如果团队管理者采用"积分排名"这样的方式来激励内部成员产生良性竞争，也是一种很好的管理手段。

某公司发现销售部门和运营部门的员工工作不太积极，于是选择在第二季度结束的时候张贴晒单榜，晒出各部门积分的排行榜，并通知下一季度对榜单上的高分或者低分部门进行额外的奖励和小小的惩戒。贴出榜单不久，管理者发现那些处于榜单末尾的部门的活跃值有了显著提高，而在榜单靠前的那些部门的数据表现也更好了。

根据每个员工所挣得积分的多少来进行积分等级排名，实质上是通过积分排名在企业内部对员工形成一个由高到低的排名。这样可以促使那些在工作上懈怠散漫、停滞不前，对工作敷衍了事、不思进取的员工竞争意识的觉醒，使他们积极地改变了工作态度、转变了工作方式。

积分制管理是建立在绩效管理理念的基础上，对员工的个人能力、工作业绩、日常行为等，用奖励或扣罚的方式进行全方位量化，并借助信息化手段，在组织内广泛使用的一种管理方式。

某公司的销售团队一直面临着业绩压力和市场竞争。为了激发团队成员的积极性和创造力，公司决定引入一个积分排名系统，让团队成员在竞争中不断提升自我。

实施步骤如下。

第一步：设定积分规则。根据销售团队的实际情况，设定合理的积分规则。例如，每签订一份合同可获得一定积分，合同金额越大，积分越多；成功开发一个新客户也可获得积分；在销售会议上提出创新性的销售策略或解决方案也可获得额外积分。同时，为了鼓励团队协作，可以设定一些团队合作的积分项目，如共同完成一个大项目或解决一个难题。

第二步：建立积分系统。使用在线平台或软件来记录和管理团队成员的积分。确保系统易于使用，能够实时更新积分排名，并允许团队成员随时查看自己的积分和排名。

第三步：定期公布排名。每周或每月定期公布团队成员的积分排名，让每个人都清楚自己在团队中的位置。可以通过内部邮件、公告板或销售会议等渠道进行公布。

第四步：设立奖励机制。根据积分排名，设立不同层次的奖励。例如，积分最高的团队成员可以获得奖金、晋升机会、额外的休假时间或其他福利。同时，也可以设立一些团队奖励，如最佳协作团队奖、最佳创新团队奖等，以鼓励团队成员之间的合作和创新。

第五步：持续跟进和调整。在实施积分排名系统的过程中，要持续跟进团队成员的反馈和意见，及时调整和优化积分规则和奖励机制。确保系统能够真正激发团队成员的积极性和创造力，而不是成为他们的负担。

通过引入积分排名系统，该销售团队的业绩得到了显著的提升。团队成员之间的竞争更加激烈，他们纷纷努力提升自己的销售业绩和创新能力。同时，团队合作得到了加强，团队成员之间更加相互支持和帮助，整个销售团队的凝聚力和活力得到了极大的提升。

用排名的方式刺激员工，虽然不像实物奖励，但可以通过激发员工的内在动机和外在动机，有效地提高员工的工作积极性和创造力。在采用排名方式的时候有下列一些注意事项。

（1）在设定积分规则时，要确保规则公平、透明，避免产生不必要的争议和矛盾。

（2）奖励机制要合理、有吸引力，能够真正激发团队成员的积极性和创造力。

（3）要定期跟进和调整积分排名系统，确保其适应销售团队的发展需求。

（4）要注重团队合作和团队精神的培养，避免过度竞争导致团队内部矛盾加剧。

积分制的设计要根据实际情况进行，一般来说，积分分为固定类积分如学历、职称、职务、技能、特长、工龄等积分；任务类积分，如团建、年会、庆典等活动积分；临时类积分，如员工完成工作给予的积分；等等。除了积分之外还要有扣分项，并且注重导向性，鼓励什么就给予奖分、限制什么就给予扣分。前提是做到合情、合理、合法。

08. 实现同频共振，体现共情管理

管理者在带领团队时，赢得团队成员的信任、实现团队同频共振以及体现共情管理是非常重要的。

首先，管理者要赢得团队成员的心，意味着管理者需要建立与团队成员之间的信任关系。管理者应始终保持诚实和守信，避免虚假承诺和误导团队成员。在决策和分配资源时，应确保公正和公平，避免偏袒和歧视。

认真倾听团队成员的意见和建议，尊重他们的想法和贡献。关注团队成员的职业发展和个人成长，为他们提供必要的支持和资源。

其次，实现团队同频共振，即让团队成员在目标和行动上保持一致，是提高团队效率和凝聚力的关键。与团队成员共同制定清晰、具体的目标，并确保每个人都理解并认同这些目标。培养团队共同的价值观和使命感，使团队成员在行动上保持一致。因此，建立开放、透明的沟通渠道，确保团队成员之间的信息畅通无阻。通过团队活动和合作项目，来增强团队成员之间的协作和配合能力。

另外，采用共情管理。管理者能够理解和体验团队成员的感受和需求，从而做出更加人性化和有效的管理决策。要细心观察团队成员的行为和情绪变化，倾听他们的声音和需求。尝试从团队成员的角度思考问题，理解他们的立场和感受。在团队成员遇到困难或挫折时，及时提供必要的支持和帮助。除了关注工作表现外，还应关注团队成员的情感需求，为他们创造积极的工作氛围和环境。

现代管理提倡"以人为本"。其核心内容就是管理者要尊重人、关心人。如果管理者能够做到真正关心员工，不仅可以调节员工的认知方向，调动员工的行为，而且当人们的情感有了更多一致时，即人们有了共同的心理体验和表达方式时，集体凝聚力、向心力就会成为不可抗拒的精神力量，维护集体的责任感，甚至是使命感也就成了每个员工的自觉立场。

作为管理者不但要开发和培养人才，而且要做到尊重和关心人才，要善于着眼于员工的情感，给予下属心灵上的愉悦和物质上的保障，才能促进员工有更大的积极性。

例如，某珠宝连锁品牌销售部门，每次会议结束后，销售经理会派专门的人去观察员工是否安全到家，店铺收集员工孩子的生日日期，提前为员工调休2个小时，让大家能早点下班接孩子，和孩子一起度过一个其乐融融的生日。因此关注员工的宿舍安全情况，定期巡查。要特别关心员工加班后的夜餐是否安排好。要每月为下个月过生日的员工提前过生日。对于家里有孩子的员工，公司会允许晚来早走，因为有孩子需要接送。越是这样被对待的员工，越不会过分迟到或早退，只要有时间就会加班或努力工作，被领导用心对待的员工，也会将工作的热情回馈给公司，使员工产生了强烈的归属感。

管理者想要得人心，让员工与自己产生同频，必须在管理上对员工真诚地关心，具体体现在哪些方面呢？

（1）对员工的工作和生活都要关心。不要让员工觉得你只在乎他们工作卖不卖力，加班积极不积极，不能把他们看成是工作的机器。平时要适当关心员工的生活状态，问问他们过得怎样，有什么新鲜事，孩子的教育、家里老人的身体等，这样可以让员工感受到你的关心和体贴。

（2）有条件的可设立员工互助基金委员会。员工互助基金委员会，可以为有困难的职工提供帮助，使职工产生家的感觉，这样有利于温暖人心、凝聚人心。也可以成立一个为员工策划温暖关心的小组，可以为过生日或有婚庆等方面有需求的员工，组织一些温暖的活动。

（3）记录员工的愿望并在特定的日子帮其实现。实现心中的愿意是每个人的渴望和追求，如果部门能够记录员工的愿望并帮助他们实现，会对他们产生巨大的激励作用。比如，可以在年初记下来，并整理成册，年终打开一一核对，对员工未满足的意愿给予达成或送给员工惊喜。

（4）关心员工的身体健康。在工作中，对于员工身体情况的关爱是体现在点点滴滴的、小团队人不多的情况下，领导很容易就看到有人在感冒咳嗽，这时候如果真诚地问一句，或给他准备一些感冒药，嘱咐员工及时去看医生，这样员工会从内心感激遇到一个懂得关心人的领导。

09. 打造销售团队PK和对赌文化

销售团队的 PK（Player Killing，玩家之间的对决）和对赌文化，是在团队内部建立的一种良性竞争氛围和机制。这种文化旨在激发销售团队成员的积极性和潜能，提高团队协作能力和业绩水平。

在销售团队中，PK 文化主要体现在个人之间或团队之间的业绩竞赛上。通过设置明确的业绩目标和奖励机制，鼓励团队成员之间进行友好的竞争。这种竞争不仅可以激发团队成员的斗志，还可以促使他们不断提高自己的销售技巧和服务水平。在 PK 过程中，团队成员需要相互认可、相互支持，形成积极的竞争氛围。

在完成目标的过程中，形成一种 PK 氛围往往会激励参与目标完成的人产生更多的动力，毕竟人的内心都有一种竞争意识，有了 PK 就会产生你追我赶的效应。例如，销售团队中每个人分别设定目标，低于目标的乐捐，公司根据乐捐金额进行 1∶1 跟投，奖励给达到目标或排名靠前的人。

以销售团队为例，普通员工每人交纳 200 元，销售组长交纳 500 元，销售经理交纳 1000 元，以此形成奖金池，获胜小组总奖金池的 50% 作为奖金，以销售总金额的收据为凭证作为冠军评比准则，不能弄虚作假，并做好奖惩有度。如果小组获胜，带组的组长或经理直接奖励现金 1000 元，PK 激励法的运用必须组长或经理亲自带小组，那样才能在 PK 结束后总结实战经验。

PK 组要平均分配参与人员。按照不同职位交纳 PK 金组成总奖金池，约定好路演和拓客或者地推的时间,每天拿出总奖金池的 50% 进行平均分配。在 PK 之前明确规则,只有提前讲好规则才能在后面处理问题的时候有可依据的标准。同时,PK 也要有底线,不能为了获得奖金拓客的时候不择手段做出伤客行为。

在 PK 方面,不限于销售团队,还可以员工与员工之间、团队与团队之间进行,PK 的时间可以月度、季度为限。

例如,某销售部 12 名员工分成狼队和鹰队进行 PK,每个组的 6 个人分别拿出 1000 元对赌奖金,两个队加起来一共 12000 元进行业绩 PK。两个队做 PK,其他不做业绩的同人,比如人力资源的员工、财务部等,他们可以选择站队支持其中一队。假设有五个观众 5000 元买狼队赢,另外五个观众 5000 元买鹰队赢,加在一起就有 10000 元钱,作为支持两队业绩 PK 结果的预设金。最后,公司额外拿出来 10000 元用作奖励,这两个队做 PK,合计第三方需要收三笔 PK 金,共计 3.2 万元。

如果本阶段的 PK 结果出来之后,是狼队赢,那么 3.4 万元全部奖励给狼队,最终战队获胜的员工就会分走 10000 元钱。剩余的奖金分给获胜的组员,可以按照业绩占比分,也可以平均分配。用 PK 金激活团组动力,以前做排名,6 个队员工可能觉得排在第三名或者第四名也挺好,但是通过 PK 金的设置,两两 PK,这时候团组的潜能和动力就被激发出来了。PK 全程需要第三方进行监督把控,保证 PK 的有效性,并进行公开激励。

除了 PK,对赌文化则是一种更加激烈、更具挑战性的竞争方式。它通常针对一些重要或难以达成的业绩目标,由团队成员之间或团队与上级之间达成对赌协议。如果团队成员能够成功达成目标,他们将获得丰厚的奖励;如果未能达成目标,则需要接受相应的惩罚。这种对赌机制可以激发团队成员的潜能和动力,促使他们全力以赴地完成任务。

例如,某服装企业有员工几千人,但销售部门的业绩一直不温不火。

后来销售经理采用了对赌机制，由管理层提议，让员工与公司签订"对赌协议"。协议规定各部门应设立任务目标，部门主管和员工自掏一笔钱作押金，如能完成指标，公司将以1:2的比例发放双倍收益给员工；如不能完成，押金将归公司所有。第一次对赌只有200个员工参加，很多一线员工每人只掏了一两百元对赌金。结果对赌开始的一个月就产生了变化，一个做女装的生产线，在一个月里提高了25%，一个持续十几年的老生产线竟然有了这样的惊人改变。老板感叹："这是双赢的模式，让老板解放，员工绽放！"对于员工，服装企业是计件工资，过去一线工人平均月薪在3500元左右，而现在已经涨到月薪4100元，还不用加班。对于企业，员工积极性提高了。原本9月该交的货，现在7月就赶出来了，半年增收5000万元，预计到年底业绩翻一番，比去年上升15%；工资高于行业平均水平，员工就不想跳槽了，还省下了一笔招聘成本。

虽然PK和对赌在一定程度上能激活团队的竞争意识，促进业绩提升，但在使用方面有一定的注意事项。

（1）营造PK的仪式感和氛围，可以制作宣传标语、视觉化内容，如PK冠军榜样的照片、事迹等做成PPT在公司宣导。

（2）PK结束后要及时复盘，对于获胜的一方要进行持续复制和标准化管理，将PK效果在公司内部推广。

（3）把PK内容落实到纸上，如同签订《目标责任书》一样，要签订PK挑战书。

（4）PK虽然需要一定的PK金，但不能超过度，要让员工可接受又有诱惑力，PK也可以用其他非现金的奖励，如带薪假期、旅游、学习机会等作为筹码。

（5）让没有利益关系的第三方来担当PK组的监督人。

（6）确定参与对赌的对手，如果没有可以内部随机产生，以双方都能接受的标准作为对赌的筹码。除了现金筹码，还可以有其他物质奖励，如家电产品、手机电脑等电子产品。

（7）设定对赌具体对象和金额。可以是团队内部个人与个人的对赌，或者是两个团队之间的对赌，也可以是个人与公司的对赌。设定对赌的目标和赔率等。对于超额完成的获胜一方，可以按照设定的奖励给予嘉奖，也可以公司追加一些超预期奖金。现实当中就有不少企业选择利用对赌的方式激励员工，勇创佳绩，当然首先需要企业在对赌的金额设定上，员工创造的利润越大，获得公司对赌的金额也越大，最后到了设定的期限，双方一定要愿赌服输，这种对赌的模式实际上鼓励员工多劳多得，同时把自己的切身利益和公司收益捆绑，最终实现员工和企业共赢。

（8）对赌的押金必须是多出来的奖金和奖品，这样才能达到预期的激励效果，总结起来，对赌实际上赌的不是钱，而是人性，是员工与员工之间的博弈，是企业和员工之间的较量，更是一种值得大家借鉴的销售管理手段，也需要我们各自发散思维去构建更加完善的适合企业的对赌游戏。

10. 运用"黄金圈法则"关联个人使命，打造销售梦想

"黄金圈法则"（The Golden Circle）是由西蒙·斯涅克（Simon Sinek）提出的一种思维方法和领导力、营销理论。该法则强调了在思考、行动和沟通时，从内到外（Why—How—What）的层次结构。黄金圈法则模型由三个同心圆组成。

最内圈（Why），这是核心层次，代表着个人或组织的目标、信念和

动力。它涉及人们为什么要做某事，为什么要追求特定的目标，以及他们的价值观和使命。这一层是激发人们行动和建立忠诚度的关键。

中间圈（How），这是中间层次，代表着个人或组织的行为方式和战略。它涉及如何实现为什么设定的目标，如何实施行动计划，以及个人或组织的独特方法和竞争优势。

最外圈（What），这是外层层次，代表着个人或组织提供的产品、服务或成果。它描述了具体的行动、产品或服务，以及这些行动或产品如何满足市场需求或客户需求。

管理者带领一个团队如果仅仅从外部去督促员工努力，究竟是浅层次的，如果采用"黄金圈法则"来关联个人使命并打造每个人的销售梦想，反倒是一个强有力的方法，这个法则能够帮助销售人员更清晰地理解自己的动机、制定有效的策略，最终传达出引人入胜的价值，成为精英销售，并实现个人和团队的梦想。

要启动黄金圈思维，最关键的是要找到你的"为什么"，也就是驱动每个个体保持奋斗的那个"内在驱动力"，也就是找到自己为之奋斗的理想。当一个人每天把这些"为什么"刻进大脑、融进生命、汇入行动当中，内心就会涌现出磅礴的力量，个人潜能就会涌现出无限的力量，帮助克服任何困难，最终实现任何目标。

管理者需要帮助自己的团队成员去实现目标，以下有一些实现目标的步骤。

第一，明确自己的个人使命，或者管理者可以让每个团队成员写下自己的使命，也就是"Why"（为什么）。这不仅仅是一个销售目标或职业目标，而是更深层次的、关于一个人为何要做销售、自己的价值观和动力来源的问题。例如，个人使命可能是通过销售产品来帮助人们改善生活，或者通过销售来推动创新和改变。

第二，将个人使命与自己的梦想关联起来。管理者可以让团队成员将个人使命与销售梦想联系起来。想象一下，当你的销售梦想实现时，你的个人使命是如何得到体现的。这可以是一个具体的场景，比如你帮助一位客户解决了重大问题，从而实现了他们的梦想，同时也让你的个人使命得以实现。

第三，对梦想进行策略规划，也就是"How"（怎么做）。每个销售人员要基于自己的"Why"，制订一系列的策略和计划来实现销售梦想。这可能包括学习新的销售技巧、建立强大的客户关系网络、寻找新的市场机会等。然后将策略转化为具体的行动计划。例如，可以设定每天学习一项新的销售技巧、每周与潜在客户建立联系、每月参加一次行业会议等。

第四，落实这些策略规划，也就是落实自己的"What"（做什么）。根据"How"怎么做的策略规划，开始执行具体的行动。这可能包括与潜在客户进行沟通、准备销售提案、进行产品演示等。在执行过程中，应当不断检查自己的行动是否与自己的"Why"和"How"保持一致，并根据需要进行调整和优化。

第五，传达自己的价值，也就是销售人员用"Why"为引领，在与客户、同事或其他人沟通时，用自己的"Why"来引领对话。告诉客户你为什么做销售，你的个人使命是什么，以及你的产品或服务如何帮助他们实现他们的梦想。通过讲述真实的、与你的"Why"相关的故事来传达你的价值。这些故事可以是关于你如何帮助客户解决问题的，也可以是关于你如何克服挑战实现个人成长的。

通过运用"黄金圈法则"来关联个人使命并打造销售梦想，每个销售人员都可以更加清晰地认识到自己的动力来源和目标，制定更有效的策略，并以更有说服力的方式传达自己的价值。这将有助于每个人在销售领域取得更大的成功，并实现个人梦想和团队梦想。

后记

感谢你花时间阅读本书，也感谢你付出努力学习销售方面的沟通技巧和相关知识。

作为销售人员，当你想要跟人沟通的时候，想想自己的话说出去后的价值是什么？如何让沟通技能变成一个有价值、有意义的传递行为，这是非常值得重视的问题。一个人会说话，不但能改变人际关系、拓展人脉，更主要的是能够通过说话技巧让自己变成销售高手。掌握了有效的销售沟通能力，不仅能让你在最短时间内成交，还会让你的客户迫不及待，一而再，再而三地跟你下订单。

也许你现在还不是销冠，也许你现在还没有完全学会如何真正做一名优秀的销售人员，但万丈高楼平地起，希望本书中介绍的诸多销售基本功和销售技巧，以及列举的销售案例，能够为初入销售行业或已有销售经验但希望做得更好的朋友提供借鉴和支持，希望大家都有所获。

总之，希望本书能够成为读者在销售道路上的一个指南，为大家提供方向及捷径。

在这里，我想对所有支持我的读者表示衷心感谢，是你们的关注和支持，让我有动力继续前行，不断追求卓越。我相信，在未来的日子里，我们会一起成长，一起创造更多的辉煌。

最后，愿每一个在销售道路上努力的人，都能找到属于自己的成功之路。让我们一起，从销售小白成为销售精英！